1970년대 한미 원자력협정
1972년 체결 신협정(74년 개정)을 중심으로

한국외교협상사례 총서 16

1970년대 한미 원자력협정
1972년 체결 신협정(74년 개정)을 중심으로

초판 1쇄 발행 2023년 11월 30일

지 은 이 전진호
발 행 인 윤관백
발 행 처 도서출판 선인
출판번호 제5-77호(1998.11.4)
주소 07912 서울시 서초구 남부순환로 48길 1, 1층
전화 02-718-6252   팩스 02-718-6253
이메일 sunin72@chol.com

정가 19,000원

ISBN   979-11-6068-849-8 94340
         979-11-6068-846-7 (세트)

한국외교협상사례 총서 16

1970년대 한미 원자력협정
1972년 체결 신협정(74년 개정)을 중심으로

전진호

선인

서 문

원자력 협력 관계를 규정하는 원자력협정에는 다양한 레벨의 요인이 복합적으로 작용한다. 즉 에너지 정책 및 원자력 연구개발 수준 등의 양국의 국내 레벨, 원자력 협력이나 무역 관계 등의 양국 관계 레벨은 물론 핵비확산조약(NPT)이나 국제원자력기구(IAEA) 등의 국제 레벨의 영향도 동시에 받는다. 1970년대의 한미 원자력협정이나 원자력 협상 역시 마찬가지이다.

한미 원자력협정(협상)을 살펴보면 다음과 같은 특징을 도출할 수 있다. 먼저 양국의 원자력 수준에 따른 「갑」과 「을」의 관계이다. 2국간 원자력협정은 공급국(수출국)의 수입국에 대한 규제권을 광범위하게 규정하고 있다. 즉 한미 원자력협정은 원자력 기술 및 원자로, 핵연료 등의 공급국인 미국이 「갑」의 위치에서, 수입국인 한국이 「을」의 위치에서 교섭하고 체결한 협정으로, 한국의 원자력 산업 전반에 미국의 규제가 작용하고 있다. 한국이 핵연료의 농축이나 사용후핵연료의 재처리를 위해서는 미국의 승인이 필요한 것이 이러한 이유에서이다. 원자력협정은 철저히 공급국의 규제 권한이 규정된 협정이라고 할 수 있다.

다음으로 원자력협정은 양국 관계의 영향도 강하게 받는다. 1950, 60년대 미국은 동맹국인 한국에게 우호적인 협력국이었지만, 1970년대 중반 한국이 재처리시설 건설을 추진했을 때 미국은 한국에 대한 경제 원조 및 원자력 지원을 중단한다고 압박하여 한국이 재처리시설 건설을 포기한 것이나, 1980년대 일본이 미국과의 원자력협정 개정에서 일본이 상대적으로 유리한 협정을 체결할 수 있었던 배경에는 미일 관계를 안정적으로 유지하려는 미국의 고려가 있었다. 즉 원자력협정은 양국의 국내 레벨은 물론 양국 관계의 영향을 강하게 받고 있다.

마지막으로 원자력협정은 국제관계의 영향도 받는다. 1950-60년대 미국이 한국에 원자력 발전을 권유한 것은 원자력의 평화적 이용이라는 당시의 국제적 환경을 반영한 것이며, 1970년대 후반 미국이 강력한 핵비확산 정책을 추진하면서 한국의 재처리시설 건설을 반대한 것은 1974년 인도의 핵실험 이후의 국제적 핵비확산이 원인이었다.

1970년대 한미 원자력협정(협상)에서 이러한 양국의 국내 레벨, 양국 관계 레벨, 국제 레벨이 어떻게 작용했는가 하는 점을 이 책은 분석하고 있다. 또한 1970년대 한미 원자력협정은 1956년 한미가 체결한 최초의 원자력협정과 2015년에 개정된 현행 원자력협정의 중간 단계의 협정이다. 따라서 1970년대 한미 원자력협정의 특징은 무엇이며, 이 시기 한미 원자력 협상은 어떻게 이뤄졌는가 하는 점은 물론, 1956년의 협정과 1970년대의 협정이 어떻게 다르며, 더 나아가 1970년대의 협정이 2015년의 신 협정(협상 과정)에 어떠한 영향을 주었는가 하는 점을 분석하는 것도 이 책의 중요한 목표이다.

이 책이 출판되기까지 유익한 자문을 해 주신 기획편집위원회 선생님들과 실무를 맡아 수고한 국립외교원 외교사연구센터의 이상숙 교수, 정종혁 연구원께 감사의 말씀을 드린다.

2023년

전진호

차 례

■ 부록 · 95

범 례

1. 본 총서는 한국외교협상사례 기획편집위원회가 선정한 『한국 100대 외교협상사례』에 기초하여 협상의 배경과 중요 쟁점, 전개과정과 협상전략, 후속조치와 평가 등을 서술한 것이다.

2. 본 총서의 집필자 추천 및 원고 심사는 한국외교협상사례 기획편집위원회가 담당하였다. 본 위원회의 구성은 다음과 같다.

   위　원　장　홍석률(성신여자대학교)
   위　　　원　신종대(북한대학원대학교)
   위　　　원　우승지(경희대학교)
   위　　　원　임혜란(서울대학교)
   위　　　원　정병준(이화여자대학교)
   위　　　원　조양현(국립외교원)

3. 본 총서는 각 협상사례를 상대국 및 주제에 따라 총 7개의 클러스터로 분류하였다. 각 클러스터는 책등 및 앞표지 좌상단의 "한국외교협상사례 총서" 표기의 색으로 구분하였다.

   1) 한반도(황색)
   2) 미국(주황색)
   3) 일본(자주색)
   4) 중국, 러시아(보라색)
   5) 유럽, 제3세계(남색)
   6) 국제기구, 환경(녹색)
   7) 경제통상(연두색)

4. 부록에는 협상의 관련 자료 및 해제와 연표 등을 수록하였다.

   1) 관련 자료에는 한국, 협상상대국, 제3국의 외교문서 원문 및 발췌문, 발표문, 언론보도 등을 수록하였다.
   2) 자료의 제목, 공식 문서명, 발신일, 수록 문서철, 문서등록번호, 기타 출처 등은 부록 서두에 목록화하였다.
   3) 자료 해제에는 각 자료의 배경, 요점, 함의 등을 간략히 기술하였다.
   4) 연표에는 주요 사건의 시기와 내용, 관련 자료 등을 표기하였다.

   (예)

시기	내용
1950. 10. 7.	유엔총회 UNCURK 창설 결의
[자료 1] "Resolution 376 (V) Adopted by the General Assembly"	

   5) 자료의 제목은 공식 문서명을 기재하는 것을 원칙으로 하되(예: "Telegram from the Embassy in Korea to the Department of State") 편의상 자료의 통칭 등을 기재하기도 하였다(예: "닉슨 독트린").
   6) 자료는 원칙적으로 발신일을 기준으로 나열하되, 경우에 따라 협상 단계 및 자료간 연관성 등을 고려하여 배치하였다.

개 요

이 글은 1970년대에 한국과 미국이 체결한 원자력협정을 분석한다. 1970년 대의 한미 원자력협정은 원자력 공급국인 미국이 수혜국인 한국에 대해 우월적인 지위에서 체결한 불평등한 협정이다. 이른바 「갑」과 「을」의 관계에서 행해진 1970년대 한미 원자력 협상은 어떻게 전개되었으며, 한국 측의 협상전략은 어떠했는가, 협상 과정의 특징은 무엇인가 등을 중점적으로 분석한다.

1950년대와 1960년대에 체결(혹은 개정)한 한미 원자력협정은 원자력 연구 인력을 양성하고, 연구용 원자로를 도입하기 위한 원자력 연구개발 초기 단계의 협정이었다. 한편 1970년대는 상업용 원자로를 도입하여 상업용 발전을 시작하는 원전의 산업화 단계로서 양국이 실질적인 원자력 협력을 시작한 시기라고 할 수 있다.

상업용 원자로를 도입하기 위해 1972년에 체결된 한미 원자력협정은 「협력협정」이라는 명칭이지만, 사실은 원자로 및 관련 기술과 정보, 핵물질 등을 공급하는 미국의 규제권과 수입국인 한국의 의무 등이 규정되어 있는 이른바 「갑」과 「을」의 관계가 규정된 협정이라고 할 수 있다. 일반적으로 원자력협정은 원자로 및 핵연료 등을 공급하는 수출국의 수입국의 원자력 프로그램 전반에 대한 규제권을 규정하고 있으며, 미국이 원자력 공급국으로서 체결한 대부분의 원자력협정은 한미 협정과 유사한 내용을 담고 있다. 원자력 도입 초기, 한국은 원자로는 물론 핵연료, 관련 기자재 등을 미국에서 수입했기 때문에, 핵물질의 사용을 포함한 거의 모든 핵 활동을 미국의 사전허가를 받아야 시행할 수 있었다. 1950년 대에서 1970년대까지 체결(개정)한 원자력협정은 모두 이러한 구조로 되어있다.

즉, 이 글이 분석하는 1970년대의 한미 원자력협정은 원자력발전 초기 단계인 한국이 공급국이자 원자력 선진국인 미국으로부터 원자로 등을 공급받기 위한 본질적으로 불평등한 협정이라고 할 수 있다. 협상의 관점에서 보면, 공급자인 미국이 갑의 위치에서, 수혜자인 한국이 을의 위치에서 협상했다고 할 수 있다. 따라서 1970년대의 원자력협정 체결(개정)이 어떠한 협상 과정을 통해 이뤄졌으며, 협정은 구체적으로 어떠한 내용을 담고 있는가, 한국의 협상 목표와 전략은 어떠했는가 하는 점을 분석하기 위해서는 1970년대의 원자력협정 및 원자력협상이 가지는 이러한 기본적인 특징을 이해할 필요가 있다.

한편, 1970년대에 체결한 한미 원자력협정은 1956년에 체결된 최초의 한미 원자력협정과 2015년에 개정된 현행의 원자력협정을 연결하는 중간 고리의 역할을 하고 있다. 따라서 1970년대의 협정이 1956년 협정에서 어떻게 변화해 왔으며, 더 나아가 2015년의 신협정과 협상 과정에 어떠한 영향을 주었는가 하는 점을 분석하기 위해서도 1970년대의 한미 원자력협정(협상)을 이해하는 것은 중요하다.

앞서 지적한 것처럼, 1950년대에서 1970년대에 걸쳐 체결한 한미 원자력협정은 기본적으로 미국의 권리와 한국의 의무를 규정하고 있으며, 한국은 미국의 사전 동의나 승인 없이 핵연료의 농축과 재처리를 할 수 없게 되어있다. 따라서 원자력 선진국으로 도약하려는 한국으로서는 핵연료인 우라늄의 농축과 사용후핵연료의 재처리기술을 확보하는 것이 중요했다. 원자력 도입 초기 단계인 1970년대까지는 「을」의 위치에서 협상한 한국이 이러한 권리를 주장하기 어려웠지만, 2015년의 협정 개정을 통해 우라늄 농축과 재처리에서 일정한 자율성을 확보하였다고 할 수 있다.

1970년대의 한미 원자력협정은 크게 네 가지 특징을 가지고 있다. 첫 번째는 공급자인 미국이 「갑」의 위치에서 수혜자인 한국이 「을」의 위치에서 협상하였으며, 두 번째는 외교협상의 주무 부서인 외교부(당시는 외무부)가 협상 전반을 주도하지 않았다는 점이다. 세 번째는 1970년대의 원자력 협상은 1950, 60년대와는 다른 협상의 진행구조를 보였으며, 마지막으로는 1970년대의 협정은 「핵 비확산」이라는 국제환경과 한미 양국의 원자력 정책의 변화를 구체적으로 반영한 협정이었다.

한편, 1970년대 대미 원자력 협상의 가장 큰 특징은 원자력 주무 부서인 과학기술처(과기처)의 역할이었다. 최초의 원자력 행정기관으로 설립된 문교부 원자력과가 원자력원이 되었다가, 1967년 과기처 원자력청으로 소속 기관과 명칭이 바뀌었고, 1973년에는 과기처 원자력국으로 확대, 개편되었다. 최초의 한미 원자력 협정 체결(1956년)에서부터 1960년대까지는 원자력 행정기관이 외교협상에서 충분히 기능하지 못하던 시기로 외무부가 대미 원자력 협상을 주도했지만, 1970년대는 외무부와 함께 과기처(원자력청, 원자력국)가 기초 협상을 담당하며 원자력 협상의 주요 행위자로 부상했다. 협정 체결(혹은 개정)의 필요성 판단, 협정 체결에 대한 미국 측의 의견 타진 등 협상의 실무적 역할을 과기처가 하였고, 원자력청(혹은 원자력국)이 최종 문안 등을 조율, 실질적인 합의에 도달한 후 외무부 및 주미 대사관이 협정 개정의 실무 작업을 담당하였다. 양국 간에 합의된 협정(안)을 넘겨받은 외무부는 협정 체결 절차를 담당하였다. 이런 점에 유의하면서 이 글은 1960년대까지의 협상 과정과 1970년대의 협상 과정을 비교, 분석하고 있다.

2015년의 협정 개정으로 한국은 원자력 선진국의 지위에 걸맞는 원자력 주권의 일부를 회복하였다. 2015년의 협정 역시 미국과 완전히 대등한 위치에서 협상, 체결한 협정은 아니지만 1970년대의 협정과 비교하면 상당한 진전을 이뤘다고 할 수 있다. 이런 점에서 1970년대의 한미 원자력협정은 내용 면에서 1950, 60년대의 원자력협정과 2015년의 원자력협정의 중간 단계에 해당하며, 2015년 협정의 토대를 만든 협정이라고 할 수 있다. 따라서 1950, 60년대의 협정과 1970년대의 협정, 그리고 2015년의 협정이 서로 어떻게 다른가 하는 점을 이해하기 위해서도, 1970년대 한미 원자력협정의 분석이 중요하다 할 수 있다.

마지막으로 2015년에 개정된 한미 원자력협정은 1988년에 개정된 미일 원자력협정과 내용상 유사하며, 1980년대 미일 협정 개정 협상 당시 일본이 처해 있던 상황은 우리의 현재 상황과 유사하다. 이런 점에서 1970년대 이후 일본이 펼쳐온 국제사회와 미국에 대한 원자력 외교는 우리가 한미 원자력 협력을 발전시키고, 한국 원자력 프로그램의 자율성을 확대하는 점에서 매우 중요한 시금석이 될 것이다. 일본과 마찬가지로 우리도 사용후핵연료의 재처리 및 제3국 이전, 농축 우라늄의 저장, 형상 및 내용 변경을 하기 위해서는 미국의 사전 동의가 필요하다. 일본이 협정 개정을 통해 미국의 새로운 규제를 수용하면서도, 사전 동의를 장기적 포괄 동의로 바꾼 점은 2015년 한미 원자력협정에도 대체로 적용된 것으로 평가할 수 있다. 이 글에서는 현행의 한미 원자력협정과 미일 원자력협정을 비교하여 이러한 점도 동시에 분석하였다.

2022년 12월
전 진 호

한국외교협상사례 총서 16

1970년대 한미 원자력협정

1972년 체결 신협정(74년 개정)을 중심으로

I. 서론

1. 1970년대 한미 원자력 협상 연구의 의의

2021년 현재 한국은 총 24기의 원자력발전소(이하 원전)를 운영 중이며, 4기를 건설 중이다. 발전 전력량에서 보면 원자력은 전체의 약 28%를 차지하는 중심 에너지원이다. 세계 주요 국가의 원자력발전 설비용량을 비교해 보면, 한국은 미국, 프랑스, 중국, 일본, 러시아에 이어 세계 6위이다.[1]

한국에서 상업용 원자력발전이 시작된 것은 1978년이다. 원자력 연구를 위해 농축우라늄을 미국으로부터 대여하고, 미국의 아르곤 국립 원자력연구소(ANL)[2]에 연구원을 파견하기 위해 1956년 미국과 최초의 원자력협정[3]을 체결한 지 22년 만이었다. 이후 연구용 원자로를 도입하기 위해 1958년과 1965년에 원자력협정을 개정하였으며, 첫 상업용 원자로인 고리 원전 1호기[4]는 1978년 4월 상업 운전을 시작했다.

1950년대와 1960년대에 체결(혹은 개정)된 한미 원자력협정은 원자력 연구 인력을 양성하고, 연구용 원자로를 도입하기 위한 원자력 연구개발 초기 단계의 협정이었다. 한편 1970년대는 상업용 원자로를 도입하여 상업용 발전을 시작하는

---

[1] 원자력에 대한 기본 정보와 주요 통계 자료는 한국수력원자력 홈페이지(https://www.khnp.co.kr)와 한국전력공사(https://home.kepco.co.kr)가 간행하는 『한국전력통계』를 참고.

[2] ANL = Argonne National Laboratory

[3] 1956년에 체결된 원자력협정의 정식 명칭은 「원자력의 비군사적 사용에 관한 대한민국 정부와 미합중국 정부 간의 협력을 위한 협정」이다.

[4] 고리 원전의 수명은 30-40년으로 해석되어 폐쇄 시점에 대한 논란이 있었으나, 2008년 10년간의 재가동이 승인되어 연장 운영했으나, 잦은 사고로 2017년 6월 영구 정지된 상태이다.

시기로서, 한미가 실질적인 원자력 협력을 시작한 단계라고 할 수 있다. 하지만 1970년대 중반까지는 한국이 미국으로부터 일방적으로 원자력 관련 지원을 받는 시기였다고 할 수 있다.

상업용 원자로를 도입하기 위해 1972년에 체결한 한미 원자력협정[5]은 「협력 협정」이라는 명칭이지만, 사실은 원자로 및 관련 기술, 정보, 핵물질[6] 등을 공급하는 미국의 규제권과 수입국인 한국의 의무 등이 규정되어 있는, 이른바 「갑」과 「을」의 관계가 규정된 협정이라고 할 수 있다. 일반적으로 원자력협정은 원자로, 핵연료 등을 공급하는 수출국이 수입국의 원자력 프로그램 전반에 대한 규제권을 규정하고 있으며, 미국이 원자력 공급국으로서 기타 국가와 체결한 대부분의 원자력협정은 한미 협정과 유사한 내용을 담고 있다. 원자력 도입 초기, 한국은 원자로는 물론 핵연료, 관련 기자재 등 거의 모든 것을 미국에서 수입했기 때문에, 핵물질의 사용을 포함한 거의 모든 핵 활동을 미국의 사전허가를 받아야 시행할 수 있는 상황이었다. 1950년대에서 1970년대까지 체결(개정)한 한미 원자력협정은 모두 이러한 구조로 되어있다.

이 글이 중점적으로 분석하는 1970년대의 한미 원자력협정은 원자력발전 초년생인 한국이 공급국이자 원자력 선진국인 미국으로부터 원자로, 기자재 등을 공급받기 위한 본질적으로 불평등한 협정이라고 할 수 있다. 협상의 관점에서 보면, 공급자인 미국이 「갑」의 위치에서 수혜자인 한국이 「을」의 위치에서 협상했

---

[5] 1972년에 체결된 원자력협정의 정식 명칭은 「원자력의 민간이용에 관한 대한민국 정부와 미합중국 정부 간의 협력을 위한 협정(Agreement for Cooperation between the Government of the Republic of Korea and the Government of the United States of America concerning Civil Use of Atomic Energy)」이다.

[6] 핵물질은 천연우라늄 등의 원료물질과 우라늄 233, 우라늄 235의 농축우라늄 등의 특수 핵분열성물질을 말한다.

다고 할 수 있다. 따라서 1970년대의 원자력협정 체결(개정)이 어떠한 협상 과정을 통해 이뤄졌으며, 협정이 구체적으로 어떠한 내용을 담고 있는가, 한국의 협상 목표와 전략은 어떠했는가 하는 점을 분석하기 위해서는 1970년대의 원자력협정 및 원자력 협상이 가지는 이러한 기본적인 특징을 이해할 필요가 있다.

한편, 1970년대에 체결한 한미 원자력협정은 1956년에 체결된 최초의 한미 원자력협정에서 2015년에 개정된 현행 원자력협정을 연결하는 중간 고리의 역할을 하고 있다. 따라서 1970년대의 협정이 1956년 체결된 최초의 협정과 어떻게 연결되며, 더 나아가 2015년의 신협정과 협상 과정에 어떠한 영향을 미쳤는가 하는 점을 분석하기 위해서도 1970년대의 한미 원자력협정(협상)을 이해하는 것은 매우 중요하다.

1950년대에서 1970년대까지 체결한 한미 원자력협정은 기본적으로 미국의 권리와 한국의 의무를 규정하고 있으며, 한국은 미국의 사전 동의나 허가 없이 핵연료의 농축과 재처리를 할 수 없게 되어있다.[7] 따라서 원자력 선진국으로 도약하고 있는 한국으로서는 핵연료인 우라늄의 농축과 재처리기술을 확보하는 것이 중요하다. 원자력 도입 초기 단계인 1970년대까지는 「을」의 위치에서 협상한 한국이 농축 및 재처리를 주장하기 어려웠지만, 2015년의 협정 개정에서는 우라늄 농축과 재처리에서 일정한 자율성을 확보하였다고 할 수 있다.

1972년에 체결(1974년에 개정)된 한미 원자력협정은 발효일로부터 41년간 유효

---

[7] 사용후핵연료의 재처리는 원자력발전에 사용한 핵연료 속에 남아 있는 핵분열성물질(우라늄 235 및 플루토늄 239, 241 등)을 분리, 추출하는 공정을 말한다. 재처리는 방사성 폐기물의 부피를 줄이고 우라늄 자원의 이용효율을 높이는 효과가 있으나, 재처리로 얻어지는 플루토늄은 핵무기의 원료가 되기 때문에 미국과 국제사회는 재처리기술의 확산을 엄격히 규제하고 있다. 한편 원자력발전에 사용되는 우라늄은 천연우라늄을 2-5% 정도로 농축한 것이지만, 90% 정도로 농축하면 핵폭탄의 원료가 되기 때문에 우라늄 농축기술도 마찬가지로 규제의 대상이다.

한 협정한 협정이었기 때문에, 2015년 4월 한미 양국은 신협정으로 개정하였다. 2015년의 협정 개정으로 사용후핵연료의 재처리 및 형질 변경 등에 필요한 미국의 사전 동의를 장기동의(포괄적 사전승인)[8] 형태로 바꿔 원자력 이용의 자율성을 높였으며, 한미가 공동 연구 중인 건식 재처리(파이로프로세싱)[9]의 첫 단계 연구(전해환원) 및 조사후시험 등을 국내 시설에서 수행할 수 있게 되었다. 우라늄 농축에 관해서는 한미 간의 합의를 전제로 미국산 우라늄을 20% 미만으로 저농축할 수 있는 경로를 마련했다. 비록 제한적이지만 사용후핵연료의 재처리와 우라늄 농축 권한을 일부 획득한 것이 2015년 협정의 가장 큰 성과이다.

2015년의 협정 개정으로 한국은 원자력 선진국의 지위에 걸맞는 원자력 주권의 일부를 회복하였다고 할 수 있다. 2015년의 협정 역시 미국과 완전히 대등한 위치에서 체결한 협정은 아니었지만, 1970년대의 협정과 비교하면 상당한 진전을 이뤘다고 평가할 수 있다. 이런 점에서 1970년대의 한미 원자력협정은 내용 면에서 1950, 60년대의 원자력협정과 2015년에 체결한 현행 원자력협정의 중간 단계에 해당하며, 2015년 협정의 토대를 만든 협정이라고 할 수 있다. 따라서 1950, 60년대의 협정과 1970년대의 협정, 그리고 2015년 협정이 서로 어떻게 다른가 하는 점을 이해하기 위해서도, 1970년대 한미 원자력협정의 분석이 중요하다 할 수 있다.

---

8 사용후핵연료의 재처리, 형상 변경 등의 활동을 위해서는 건별로 미국의 사전 동의를 받아야 하는데, 이를 협정의 유효기간 내에서 협정이 정한 조건에서 자유롭게 할 수 있게 됨.
9 파이로프로세싱(pyroprocessing)은 사용후핵연료에서 우라늄 등을 회수하여 고속증식로(고속로)의 핵연료로 사용할 수 있는 기술로서, 일반적인 재처리(습식)와 비교하여 건식 재처리로 불린다. 파이로프로세싱을 통해 우라늄의 활용도를 높이고, 사용후핵연료의 부피, 발열량 등을 낮추는 효과가 있다고 한다.

2. 1970년대 한미 원자력 협상의 특징

이 글에서 본격적으로 다루는 1970년대의 한미 원자력협정은 1972년에 체결한 원자력협정과 1974년에 행해진 협정 개정이지만, 1972년에 체결된 한·미·IAEA[10] 간의 안전조치 적용에 관한 협정에 관해서도 한미 간의 의견조정 과정을 중심으로 살펴본다.

1970년대의 한미 원자력협정은 크게 네 가지의 특징을 가지고 있다. 첫 번째는 공급자인 미국이 「갑」의 위치에서 수혜자인 한국이 「을」의 위치에서 협상하였으며, 두 번째는 외교협상의 주무 부서인 외교부(당시는 외무부)가 원자력 협상 전반을 주도하지 않은 협정이었다. 세 번째는 1970년대의 원자력 협상은 1950-60년대와는 다른 협상의 진행구조를 보였으며, 마지막으로는 「핵 비확산」이라는 1970년대의 국제환경과 한미의 원자력 정책의 변화를 구체적으로 반영한 협정이었다.

1970년대 한미 원자력협정(협상)의 특징을 구체적으로 살펴보면, 먼저 1970년대의 한미 원자력협정은 미국으로부터 원자로 및 관련 자재, 기술 등을 공여받기 위한 협정이었으며, 협상 과정에서 공급국과 수혜국의 이러한 입장 차가 반영된 것을 확인할 수 있다. 1970년대의 원자력협정 체결(개정) 과정을 보면 대부분의 협상에서 미국 측이 협정 초안을 제시하였으며, 과기처 등 한국의 관련 부서는 대체로 미국의 제안을 수용하는 형태로 협상이 진행되었다. 1970년대의 협상에서는 1950, 60년대의 협상과는 다르게 일부 조항이나 표현에 대해 한국 측이 문제를 제기하기도 하였지만, 큰 틀에서 보면 미국 측의 요구가 대체로 수용되었

---

10 IAEA(International Atomic Energy Agency): 국제원자력기구, 원자력의 평화 이용을 촉진하기 위해 1957년 발족한 국제기구로 원전의 안전조치 등도 담당하고 있다.

다. 이는 한국이 미국으로부터 원자력발전을 위한 재정지원(무상지원 및 차관)을 비롯하여, 원자로 및 기자재 등 원자력과 관련한 대부분을 미국으로부터 공여받고 있었으며, 원자력 관련 정보나 기술, 인력 면에서도 한미 간에 확연한 차이가 있었기 때문이었다.

두 번째는 외교협상의 주무 부서인 외교부(당시는 외무부[11])가 원자력 협상 전반을 주도하지 않았다. 과학기술처(이하 과기처)[12]가 1967년에 발족한 후, 원자력협정 체결과 관련된 대미 기초 협상 및 협정문 초안 작성 등은 주무 부서인 과기처가 주도했다. 과기처가 발족하기 전에는 문교부 기술교육국 원자력과와 원자력원이 외무부와 의견교환을 하면서 대미 협상에 관여하였다.[13] 1950, 60년대는 협정 체결을 위한 실무적인 대미 협상은 주미 한국대사관이 주로 담당했으며, 외무부는 문교부 혹은 과기처와 주미대사관을 연결하면서 협상 전반을 주도하였다. 그러나 과기처 원자력청 설치(1967년) 이후에는 원자력청이 대미 원자력 협상의 중심 기관의 역할을 하였다. 1972년의 협정 체결과 74년의 협정 개정 협상의 한국 측의 중심적 행위자는 과기처 원자력청이었다. 한편 미국에서는 국무부가 관계 기관과 협력하며 협상을 주도하였으며, 대통령의 재가를 위해 대통령 안보보좌관

---

11 외무부는 1948년 7월 정부조직법이 제정, 공포되면서 발족했으며, 1998년 정부조직법 개정으로 통상업무까지 포괄하는 외교통상부로 확대, 개편되었다. 그러나 2013년 3월 신설된 산업통상자원부로 통상업무가 이관되면서 외교부로 명칭이 바뀌었다. 1970년대의 한미 원자력협정을 분석하는 이 글에서는 당시 명칭인 외무부를 그대로 사용한다.

12 과학기술처는 1967년 3월에 발족한 기관으로, 원자력을 포함한 과학기술 진흥을 위한 정책 수립과 조정, 관련 사무를 담당하였다. 1988년 2월 과학기술부로 확대 개편되었다.

13 원자력 개발 이용에 관련되어 설치된 첫 행정기관은 1956년 3월에 문교부에 설치된 원자력과이며, 1958년 3월의 원자력법 공포 이후에 문교부 산하에 원자력원이 개설되어 원자력 연구개발을 담당하였다. 원자력원은 정부조직법 개정으로 1967년 4월 과학기술처 원자력청으로 확대 개편되었으나, 1973년 2월 과기처 원자력국으로 재편되었다. 현재는 과학기술정보통신부 원자력연구개발과가 연구개발을 담당하고, 산업통상자원부 원전산업정책국이 발전 등 원자력 산업정책을 주관하고 있다.

도 협상에 관여하였다. 즉 1970년대에는 한미 양국의 원자력 주무 부서가 실질적인 협상 당사자가 되었으며, 한국은 과학기술처 원자력청(후에 원자력국)이, 미국은 원자력위원회(AEC)와 원자력규제위원회(NRC)[14]가 기초 협상을 담당했다.

1950, 60년대와 다르게 1970년대의 대미 원자력 협상에서 외무부가 협상을 주도하지 못했던 것은 외무부가 원자력 협상을 전담할 조직과 인력을 충분히 갖추고 있지 않았기 때문이며, 따라서 원자력 문제에 대한 전문성과 인적 네트워크를 갖추고 있던 과기처 원자력청(원자력국)이 대미 기초 협상, 협정문의 세부 내용 조정, 협정 문안 작성 등 협상의 중핵기능을 담당해 왔다. 한편 주미 한국대사관은 외무부의 지시로 미 국무부와의 최종 협상을 담당했다. 즉 1970년대의 한미 원자력 협상에서 외무부는 중개인, 대리인의 역할에 머물러 있었다.

1970년대 한미 원자력협정(협상)의 세 번째 특징은 대미 협상의 기본 구조로서 두 번째 특징과도 관련이 있다. 1960년대까지의 대미 원자력 협상의 실무 협상은 주로 주미 한국대사관이 전담해 왔다. 외무부 본부가 문교부, 과기처 등의 협정 관련 의견을 주미 대사관에 전달하면 대사관이 미 국무부와 협상한 후, 협상 결과를 외무부에 보고, 외무부는 다시 관련 기관에 협상 결과를 통보하는 구조였다. 그러나 과기처 원자력청의 발족 이후는 과기처(원자력청)가 직접 미 원자력위원회나 원자력규제위원회와 기초 협상(협정 문안 등 논의)을 한 후 협정 체결을 위한 최종 협상을 외무부에 요청하는 형태로 협상의 구조가 바뀌었다. 이 경우에도 최종적인 대미 협상은 주미 대사관이 전담하고 외무부는 중개인의 역할에 머물러 있었다. 한편 1970년대 한국의 재처리시설 도입 시도 전후에는 주한 미국대사

---

14 1975년 1월 미 원자력위원회(USAEC; United States Atomic Energy Commission)는 원자력규제위원회(NRC)와 에너지연구개발국(ERDA, 지금의 에너지부)으로 나누어졌다. NRC는 미국의 원자력발전소 건설, 운전에 대한 인허가 및 규제를 담당하였다.

관도 외무부, 과기처와 직접 소통하기도 했다.

1970년대의 한미 원자력 협상의 네 번째 특징은 국제환경과 미국의 대외 원자력 정책의 영향을 강하게 받았던 시기의 협상이었다. 인도의 핵실험(1974년 5월) 이후 미국과 국제사회는 국제적인 핵 비확산을 강하게 추진하였고, 미국은 과거에 체결한 원자력협정을 핵 비확산을 강화하는 방향으로 개정하려 하였다. 한편 1970년대 박정희 대통령은 프랑스의 지원으로 국내에 시험용 재처리시설을 도입하려 했고, 이러한 시도는 미국의 강력한 반대에 부딪혔다. 1970년대 초까지 순조롭게 추진되던 한미 원자력 협력이 가장 큰 위험에 직면한 시기가 1970년대 중반이었다. 1978년 고리 원전 1호기가 상업용 발전을 개시할 수 있었던 것은 국제환경의 변화와 미국의 강화된 핵 비확산 정책을 극복한 결과라고 평가할 수 있다. 1970년대의 한미 원자력 협상은 핵 비확산이라는 국제환경과 한미의 원자력 정책변화를 구체적으로 반영한 협상이었다.

앞선 협상 사례 연구의 의의에서 밝힌 것처럼, 1970년대 한미 원자력 협상은 1950, 60년대의 협상과 2000년대 협상의 중간 단계의 협상이었다. 본문에서 상세히 분석하고 있는 것처럼, 1970년대 한미 원자력 협상이 1950, 60년대 협상과 2000년대 이후의 협상과 어떻게 다른지 비교, 분석하는 것도 1970년대 원자력 협상 연구의 중요한 의의의 하나라고 할 수 있다.

3. 한미 원자력 협상에 대한 중요 질문

1970년대의 한미 원자력 협상을 이해하기 위한 중요 질문으로 다음의 세 가지를 제시할 수 있다.

[1] 질문 1: 대미 원자력 협상의 목표와 외교적 의의
1970년대 대미 원자력 협상의 목표는 무엇이었으며, 목표는 달성되었는가? 1970
년대 대미 원자력 협상과 1950, 60년대 원자력 협상의 목표는 어떻게 다르며, 아
울러 1970년대 대미 원자력 협상의 외교적 의미를 어떻게 평가할 것인가?

[2] 질문 2: 1970년대 한미 원자력협정의 특징
1950, 60년대 한미 원자력협정과 1970년대 원자력협정은 어떻게 다르며, 2015
년의 신협정과 어떻게 연결되는가? 1950, 60년대의 원자력협정과 마찬가지로,
1970년대의 한미 원자력협정은 공급국인 미국의 입장이 대부분 관철된 이른바
불평등 협정이었는가? 1950, 60년대 협정과 1970년대 협정, 그리고 2015년 개정
협정의 특징은 각각 어떻게 다른가?

[3] 질문 3: 협상 행위자와 협상정책 결정과정, 협상전략
1970년대 한미 원자력 협상에는 어떠한 행위자(actor)가 협상에 관여했으며, 협상
정책의 결정과정은 어떠하였는가? 특히 외무부가 중심 행위자가 아닌 협상의 특
징은 무엇이며, 그것이 한미 원자력 협상에 부정적인 영향을 미치지는 않았는가?
더 나아가 한국과 미국의 주요 협상 행위자, 협상정책 결정과정은 어떻게 다르며,
이 차이가 협상 결과에 영향을 미치지 않았는가?

II. 1970년대 한미 원자력협정의 배경과 경위

1. 1950년대 한미 원자력 협력과 원자력협정의 체결

한미 원자력 협력은 미국의 제안으로 시작되었다. 1953년 아이젠하워(Dwight David Eisenhower) 미국 대통령은 유엔총회 연설에서 「원자력의 평화 이용(Atoms for Peace)」 제안을 하였고, 이후 미국은 원자력의 평화적 이용을 국제적으로 장려해 왔다. 미국은 원자력의 평화 이용 제안을 통해, 핵물질을 평화적 목적으로 사용하게 하여 핵무기의 확산을 방지하면서, 동시에 원자력의 상업적 이용을 미국이 주도하려 하였다. 「원자력의 평화 이용」 제안 이후 미국은 우방국에게 원자로는 물론, 우라늄 등 관련 재료와 정보의 제공 등 원자력의 평화적 이용을 지원하기 시작했다. 미국은 원자로 도입은 동력원으로 사용될 뿐 아니라, 원자로에서 생산되는 방사능 동위원소의 의학적 이용 등에도 유용하다고 주장했다. 1956년 최초의 한미 원자력협정이 체결된 것도 이러한 미국의 대외 원자력 정책의 결과였다.

아이젠하워 대통령의 유엔연설 이후, 1954년 7월 미국은 한국에게 원자력협정 체결을 제의하였고, 11월에는 미국 아르곤 국립 원자력연구소의 국제원자력학교에 원자력 연수생 파견을 요청하였다. 원자력 도입 초기에 한국은 국비와 국제원자력기구(IAEA) 장학금 등으로 외국 원자력 연수를 시작했다. 영국, 독일, 프랑스(IAEA 장학금) 등에 연수생을 파견하였으며,[15] 미국의 요청대로 아르곤연구소의 국제원자력학교에도 연수생을 파견하였다.

---

15 외교문서 4: 원자력 관계 연구생 미국 파견(1959-1960).

1950년대의 한미 원자력 협력은 미국으로부터 원자로, 특수핵물질,[16] 용기 등 원자력시설을 구매하는 것이 중심이었으며,[17] 원자력시설 등을 구매하기 위해 1956년 첫 한미 원자력협정을 체결하였다. 한미가 처음으로 체결한 원자력협정은 「원자력의 비군사적 사용에 관한 대한민국 정부와 미합중국 정부 간의 협력을 위한 협정」으로, 1955년 7월에 합의되고 1956년 2월 워싱턴에서 서명되어 당일 발효되었다. 서명 당사자는 한국 측은 주미 한국대사였으며, 미국 측은 국무부 극동문제담당차관보와 원자력위원회 위원장이 서명했다.[18]

1956년에 체결한 한미 원자력협정의 주요 내용은 (1) 연구용 원자로에 사용될 우라늄 235 및 관계 자료의 대여, (2) 연구용 원자로의 운용, 방사능 동위원소 사용 등에 관한 정보의 교환, (3) 원자로에 사용될 우라늄(u-235)을 6kg까지 대여, (4) 사용후 핵연료의 반환 전 형상 및 내용 변경 금지, (5) 원자로의 건조와 운영에 필요한 원자로용 물질(특수핵물질 제외) 매도 혹은 대여, (6) 미 원자력위원회에 대한 보고와 사찰, (7) 협정의 유효기간은 10년 등이었다. 1956년에 체결된 최초의 한미 원자력협정에는 원조국인 미국과 원조받는 수익국인 한국의 권리 및 의무가 규정되어 있었다. 대부분의 권리는 미국이 행사하는 것이며, 의무는 한국의 의무였다.

---

16 특수핵물질은 동위원소 233 또는 235가 농축된 우라늄, 플루토늄 그리고 미 원자력위원회가 특수핵물질이라고 규정하는 기타 물질을 말한다. 특수핵물질의 정의는 협정문에 명기되어 있다.

17 외교문서 1: 한·미국 간의 원자력시설 구매(1955-1963).

18 외교문서 2: 원자력의 민간이용에 관한 한·미국 간의 협력을 위한 협정(1956).

〈표 1〉1956년 한미 원자력협정의 주요 내용

제1조	연구용 원자로의 설계, 운영, 방사능 동위원소의 사용 등에 관한 정보의 교환
제2조	연구용 원자로의 연료로서 우라늄 235(u-235, 최대 20%까지 농축)를 6kg까지 대여
제3조	연구용 원자로의 건조 및 운영에 필요한 원자로용 물질을 매도 또는 대여(특수핵물질은 제외)
제4조	협정의 규정에 의해 한국 및 미국의 비정부기관과 직접 협상할 수 있음
제5조	기밀자료는 통보되지 않으며, 시설과 장치 등에 기밀자료가 포함된 경우, 그 물자 또는 시설은 대한민국 정부의 관할 하에 있어야 함
제6조	미국에서 대여한 우라늄 235에 대해 적절한 안전조치가 유지되어야 함
제7조	미 원자력법(1954년)에 규정된 보장조치가 유지될 것
제8조	협정은 1956년 2월 3일에 발효, 1966년 2월 2일까지 유효하며, 협정이 만료되면 미국이 대여한 연료 물질 등은 모두 미국에 인도
제9조	한국의 동력용 원자로에 관한 사항에 대해 수시로 협의
제10조	설비와 장치, 연구용 원자로, 기밀자료 등 명칭의 정의

1956년 협정 체결의 협상 실무는 주미 한국대사관이 담당하였다. 한국대사관은 초기 접촉에서부터 협정문에 대한 서명까지 협상의 거의 전 과정을 담당하였다. 주미 한국대사는 협정 체결에 대한 전권을 정부로부터 위임받아 최초의 한미 원자력협정에 서명하였다. 한미 원자력협정이 체결된 이후 원자력 행정을 담당할 원자력과가 문교부 기술교육국에 신설된 것을 고려하면 첫 협상은 모두 주미 대사관이 담당할 수밖에 없는 상황이었다.

미국과의 원자력협정 체결과정에서 외무부는 주일 대사관과 주중 대사관에 주재국과 미국과의 원자력협정 체결에 동반된 실시협정을 확인하여 보고하도록 지시하였다. 또한 원자력 선진국이었던 프랑스와 영국 대사관에 대해서는 원자력 관리에 관한 주재국 법률 및 행정조직, 원자력 연구기관의 조직과 기능, 운영, 시설 등에 대해 보고하라고 훈령하기도 했다. 이러한 점을 보면, 실무 협상은 주미 대사관이 하였지만, 외무부가 협상 과정과 협정 내용 등을 전반적으로 조율하고 있었다고 할 수 있다. 원자력과 관련한 아무런 정부조직도 갖추지 못한 상황에서 외무부가 최초의 한미 원자력협정을 체결한 것이다. 1956년 2월에 체결한 최초의 원자력협정은 2회의 개정을 거쳐 1976년 2월까지 유효한 협정이 되었다.

최초의 원자력협정 체결 직후, 정부는 원자력 관련 행정조직 신설에 착수했다. 협정 체결 직후인 1956년 3월 원자력 연구개발을 담당하는 부서로 문교부 기술교육국에 원자력과를 신설하였으며, 원자력과는 원자력법 제정(1958년 3월), 원자력 행정 체제 구축[19], 연구용 원자로 도입, 원자력 인력양성 등의 업무를 담당해 왔다.

첫 원자력협정 체결 이후 미국이 협정 개정을 제안하여, 협정 개정을 위한 양국 간의 실무접촉이 개시됐다. 연구용 원자로(TRIGA Mark-II(100kW급))[20] 착공이 임박한 가운데 연구용 원자로 및 향후에 도입될 동력로(상업용 원자로)에 사용될 농축우라늄 235 등 특수핵물질의 원활한 공급을 위해 특수핵물질의 대여 및 양도를 규정하기 위한 협상이었다. 1956년의 최초 협정에서는 특수핵물질의 대여는 제외되어 있었기 때문이다. 미국의 제안에 대해 외무부는 문교부 원자력과에 협정 개정에 대한 의견을 청취한 후, 주미 대사관에 협정을 개정하는 방향으로 미국무부와 협의하라고 훈령하였다.

외무부는 협정 개정 협상의 목표로서, 동력로 가동에 필요한 충분한 양의 핵연료(U-235)의 확보와 동시에, 협정의 유효기간을 10년에서 장기화하여 목표를 30년으로 설정했다. 더 나아가 미국이 시행하고 있는 원자로 및 핵연료 등에 대한 안전보장조치를 IAEA에 이관하는 내용 등을 개정 협정에 담으려고 했다. 당

19　원자력원 개설(1959년 1월) 및 원자력연구소 설립(1959년 2월).

20　TRIGA Mark-II는 1957년에 미국의 제너럴 오토믹(General Atomic)사로부터 도입, 1959년 건설이 시작되어 1962년 3월 정상 가동되었다. 1969년 6월에는 250kW로 출력을 증강하였다. TRIGA는 Training(훈련), Research(연구), Isptope-production(동위원소 생산), General Atomic(원자로 제작회사)의 약자임.

시 한국은 공급국인 미국에 의한 안전조치와 IAEA에 의한 안전조치를 중복으로 받고 있어 이를 일원화하기 위해, 미국이 시행하는 안전조치를 IAEA에 이관하여 일원화하려는 것이었다.[21]

협정 개정에 대한 서명은 1958년 3월에 행해져 신협정은 5월에 발효되었다. 협정 개정의 주요 내용은 다음과 같다. (1) 연구용 원자로의 설계, 건설, 운영, 연구개발 등에 관한 정보의 교환 (2) 원료물질, 특수핵물질 등의 중요 물질을 연구목적으로만 매도 혹은 양도 (3) 양도로 한국 정부의 관할 하에 있게 되는 특수핵물질은 농축우라늄 235 100g, 농축우라늄 233 10g, 플루토늄 10g을 초과하지 못함 (4) 수익국은 원자력에 관하여 교환된 정보 및 자료를 적용 또는 사용하는데 전적인 책임을 진다 등이었다. 협정 개정을 통해 한국은 농축우라늄의 대여 및 양도받는 특수핵물질의 상한선을 변경시켰다. 개정 협정에 대한 서명은 한국 측은 주미 한국대사, 미국 측은 국무부 극동문제담당차관보와 원자력위원회 위원이 서명했다. 1956년 협정 당시는 미국 측에서 원자력위원장이 서명했으나, 개정 협정에는 원자력위원이 서명한 것이 차이점이었다.

〈표 2〉 1956년 협정과 1958년 개정 협정의 비교

	1956년 협정과의 비교	1958년 개정 협정의 내용
제1조	제1조에 b항을 추가	b항: 협정에 의해 교환된 정보나 자료는 사용하는 당사국의 책임이며, 타 협조 당사국은 정확성, 완전성, 적합성 등을 보증하지 않는다.
제3조	제3조에 a항을 추가	a항: 연구목적에 한해 특수핵물질을 매도 혹은 양도하며, 농축우라늄 235 100g, 농축우라늄 233 10g, 플루토늄 10g을 초과할 수 없다.
제6조	제6조에 d항을 추가	d항: 미국이 제공한 원자력 물질의 사용으로 발생하는 문제에 대해서 미국 정부는 책임지지 않는다.

21 외교문서 3: 원자력의 민간이용에 관한 한·미국 간의 협력을 위한 협정의 개정(1958).

1950년대 한미 원자력 협상은 주한 미국대사관과 주미 한국대사관이 소통의 창구였으며 한국은 외무부, 미국은 국무부와 원자력위원회가 협상의 주무 부서였다. 미국 측에서는 특수핵물질을 포함한 원자로용 물질을 대여(혹은 양도)하는 주체가 미 원자력위원회였기 때문에 국무부와 원자력위원회가 동시에 협상에 참가했다. 그러나 한국은 아직 원자력 행정 체제가 제대로 정비되어 있지 않아, 문교부(기술교육국 원자력과)[22]가 아닌 외무부가 1950년대 한미 원자력 협상을 주도했다. 한국 측에서는 외무부, 문교부 이외에도 대통령의 재가를 위해 대통령 비서실, 국회 비준을 위해 국회의장실, 재무부(예산 관련), 국방부 등 관련 정부 부서가 협상과 비준 과정에 관여했다.

협정 체결 이후 외무부는 관련 부서에 협정의 개요 등을 설명하고, 원자력 개발이용 주무 부서인 문교부(원자력과)는 원자력법 제정(1958. 3), 원자력연구소 설립(1959. 2), 원자력위원회 설치(1961. 10)[23] 등을 추진하였다. 한미 원자력협정에 의해 도입이 결정된 연구용 원자로 도입(1959)은 문교부 원자력과가 주도했다. 문교부 장관이 외무부 장관에게 원자로 구매 계약체결을 의뢰했고, 미국의 재정원조를 받아 원자로를 구매[24]하는 관계로 실제 계약은 주미 한국대사관이 대행했다.[25] 연구용 원자로 도입계약을 체결할 당시, 원자로를 설치할 건물을 건축하기 위해 건물의 설계 기술자를 미국에 파견, 연수를 시켜야 하는 정도로 한국이 축

---

22 한미 원자력협정 체결 한 달 후인 1956년 3월 문교부 기술교육국에 원자력과가 신설되었다.

23 1961년 10월 과학기술처 장관 소속하에 설치된 원자력 정책에 관한 최고의 의결기관. 1986년 국무총리 소속으로 격상됨.

24 General Atomic사의 TRIGA Mark-II(100KW급) 구매.

25 연구용 원자로 도입을 위한 총경비는 73만 2천 달러와 2억 9천 환이었으며, 이중 미국은 35만 달러를 지원하였다.

적한 원자력 관련 기술은 전무하였다. 원자로 설치 실무는 문교부 원자력원[26]이 담당했으나, 원자로 설치와 운용에 필요한 특수핵물질, 부속 과학기재 등의 구매는 주미 한국대사관과 LA 한국 총영사관(특수핵물질[27] 구매, 인수에 관여) 등이 대행했다. 특수핵물질 등의 구매 과정 역시 주미 한국대사관과 LA 총영사관이 외무부를 경유하여 문교부(원자력원)와 소통하면서 이뤄졌다.

한미 원자력협정 체결로 도입하게 된 연구용 원자로 TRIGA Mark-II(100kW급)는 1959년 7월 착공되어 한국의 원자력 연구개발의 출발점이 되었다. 연구용 원자로는 1962년 3월 가동을 시작하여 1995년 1월 가동을 정지할 때까지 한국의 원자력발전을 선도해 왔다. 연구용 원자로 가동 이후 동력로(상업용 원전) 도입이 본격화되었다. 상업용 원전은 1970년 한전과 웨스팅하우스 계약체결로 1971년 11월 고리 1호기(설비용량 59만 5천 kW)가 착공되어, 1978년 4월 상업용 발전을 시작하게 되었다.

2. 1960년대 한미 원자력 협력과 2차 협정 개정

한미 원자력협정 체결 이후 문교부에 원자력과를 신설하여 원자력 행정 체제를 갖추고, 1959년 2월 원자력연구소를 설립하여 원자력 연구가 본격적으로 시작되었다. 1959년 7월에 연구용 원자로가 착공되었지만, 원자로 관련 기술의 확립이 시급하였다. 그중에서도 건설 중인 원자력연구소가 완성되어 본격적으로 원자력 연구가 진행되면 인체에 유해한 방사선이 대량 발생하므로 방사선 방어

---

26 1956년 3월 신설된 문교부 원자력과는 1959년 1월 원자력원으로 확대, 개편되었으며, 1967년 4월에 과학기술처 원자력청으로 개편되면서 폐지되었다.

27 90% 농축우라늄(u-235) 38g 등.

를 담당할 인력양성이 시급한 문제로 대두했다. 한미 원자력협정 체결로 미국의 아르곤 국립 원자력연구소 등에 연수생을 파견하였지만, 1960년에 파견한 연구생까지 방사선 방어기술 훈련을 받을 연구생은 없었다. 정부는 미국 해군의학연구소에서 교육받은 적 있는 원자력원 직원을 1960년 1월부터 6개월간 파견, 연수를 시키기도 하였다.[28] 방사선 방어를 연구하는 연구생을 미국에 파견하는 것으로 1960년대 한미 원자력 협력은 시작되었다.

1960년대 초반의 한미 원자력 협상은 연구용 원자로에 사용될 특수핵물질을 대여하는 협상으로 시작되어, 1960년 한국과 미국 원자력위원회 간의 특수핵물질 대여 협정이 성립하였다. 특수핵물질 대여 협정은 1956년 협정에 기초하여 20%로 농축된 농축우라늄을 대여하는 협정으로, 원자력협정과 마찬가지로 특수핵물질을 대여하는 미 원자력위원장과 주미 한국대사가 체결 당사자였다. 1960년 6월에 체결된 특수핵물질 대여 협정은 미국 원자력법 수정으로 1961년 9월 신협정으로 대치되었다가,[29] 1963년 10월 협정 유효기간의 만료로 신협정을 체결하였다. 1960년 협정에서는 대여하는 특수핵물질을 농축우라늄 235 외에 별도로 특정하지 않았지만, 1963년 협정에서는 대여받는 특수핵물질을 플루토늄, 농축우라늄 233, 농축우라늄 235로 특정하였다.[30] 1963년의 신협정은 대여 물질의 반환(제4조) 및 대여 물질의 선적, 수송비의 부담(제5조)에 약간 다른 점이 있지만, 다른 내용은 자구의 수정이나 어구 배열에 다소의 차이가 있을 뿐 내용은 거의 동

---

28 외교문서 4: 원자력관계 연구생 미국 파견(1959-1960).

29 미국의 원자력법 변경으로 특수핵물질 대여 요금이 변화하였기 때문에, 기본요금을 종전 기본요금보다 20% 감액하고, 사용료를 기본요금의 4%에서 4.75%로 높이는 내용의 변경.

30 외교문서 5: 한·미국(원자력위원회) 간의 특수핵물질 대여 협정(1960).
    외교문서 6: 한·미국(원자력위원회) 간의 특수핵물질 대여 협정 수정(1961).
    외교문서 7: 한·미국(원자력위원회) 간의 특수핵물질 대여 신협정(1963).

일한 협정이라고 할 수 있다.

〈표 3〉 특수핵물질 대여 협정 비교

	1960년 대여 협정	1963년 대여 협정
대여 당사자	미국: 원자력위원회 한국: 대한민국 정부	동일
대여 특수핵물질	20%로 농축된 농축우라늄 235(2.5kg)	플루토늄, 농축우라늄 233, 농축 우라늄 235
소유권	미국 정부	동일
대여 기간	한미 원자력협정의 유효기간	1963.7.1. - 1967.6.30

특수핵물질 대여 협정의 경우도 대여 주체인 미 원자력위원회와 대여받는 원자력청이 협상의 주체였다. 외무부가 원자력청의 의견을 주미 한국대사관에 전달하면 대사관은 미 원자력위원회와 협상하는 형태로 진행되었다. 1950년대 한미 원자력 협상이 공급자인 미국이 갑의 위치에서, 수혜자인 한국이 을의 위치에서 협상하였던 것처럼, 특수핵물질 대여 협상의 경우도 대여 주체인 미 원자력위원회의 의사가 대부분 수용되는 형태로 진행되었다.

한편, 1960년에는 한미 간 핵 연구 및 훈련기구, 자재의 공여에 관한 협정이 체결되었다. 이 협정은 미국이 10만 7천 달러 상당의 원자력연구소 설치 기자재를 기증하는 협정으로, 한국 정부가 기자재를 구매하면 대금을 미국 정부가 지급하는 형태였다. 정부는 협정(각서 교환)을 통해 원자력연구소 등 6개 연구소의 기자재를 구매하였다. 외무부와 주한 미국대사관이 각서 교환의 주체였으며, 각서 교환 이후 외무부가 원자력원에 협정 체결을 통보하는 방식은 원자력협정 체결 과정과 마찬가지였다.

1965년에 접어들어 1956년 협정(1958년 1차 개정)의 재개정을 미 국무부가 제의해 왔다. 1956년 협정의 유효기간이 1966년까지였기 때문이다. 미국의 제안은 (1)

1976년까지 협정의 유효기간을 10년 연장 (2) 1956년 협정에 사용된 대여(lease)라는 용어를 양도(transfer)로 변경하여, 필요하다면 미국이 대여하는 특수핵물질 등을 한국이 구매할 수 있게 변경 (3) 원자로에서 생산된 원자 물질(플루토늄)의 소유 및 처분에 관한 규정의 신설 (4) 미국이 실시하는 원자력 물질 및 시설에 대한 안전조치를 IAEA에 이관하는 내용 등이었다.

미국의 협정 개정 제안을 받은 외무부는 원자력원에 협정 개정 요청에 대한 의견을 구했고, 원자력원은 연구용 원자로를 가동 중인 상황에서 특별히 불리한 조건이 없으면 미국 측 제안에 동의한다는 입장을 외무부에 전달하였다. 다만 원자력원은 미국 측에 협정 개정 이후는 핵물질을 대여할 수 없는지의 여부, 핵물질 양도의 조건 및 매입금 지불 시기의 신축성 등을 문의하도록 요청하였고, 동시에 미국이 제공하는 핵물질의 구매를 위한 예산 조치 및 IAEA의 사찰에 대해서는 국내의 방침이 확립되어야 한다는 점을 지적하였다.[31] 원자력원의 요청을 미 국무부와 협의한 주미 한국대사관은 협정 개정으로 협정문의 용어는 변경되나, 한국 정부가 희망하면 현재와 같이 핵물질을 계속 임차할 수 있다는 내용을 국무부로부터 확인하여 회신하였다. 아울러 동일한 형태로 협정을 개정한 국가 중에서 임차하던 원자 물질을 구매로 변경한 국가는 아직 없으며, 현재로는 핵물질을 구매하는 것보다 임차하는 것이 유리하다고 회신하였다. 미국의 협정 개정 요청에 대해 원자력원이 특별한 이의 제기를 하지 않았기 때문에 협정은 개정되었다. 개정 협정은 1965년 7월 워싱턴에서 서명되어, 양국의 국내법적 절차를 거쳐 1966년 1월 발효되었다. 1956년에 체결한 최초의 협정과 1965년에 개정된 협정의 주요 내용을 비교하면 다음과 같다.

---

31 외교문서 8: 원자력의 비군사적 사용에 관한 한·미국 간의 협력을 위한 협정 수정(1965-1966).

〈표 4〉 1956년 협정과 1965년 협정의 비교

	1956년 협정	1965년 협정
농축우라늄 등 핵물질	대여	양도
특수핵물질 등의 재처리	규정 없음	미 원자력위원회의 승인이 필요 합의 없는 연료의 내용 및 형상 변경 불가
특수핵물질	규정 없음	생산된 특수핵물질은 한국이 보유 가능
안전조치 시행	미국	IAEA에 위임
협정의 정지	규정 없음	미국이 일방적 정지권 보유 협정 정지 시, 보유 특수핵물질은 미국에 반환
유효기간	1966. 2. 2	1976. 2. 2

한미 원자력협정 개정에 의해 미국이 실시하던 국내의 원자력 관련 시설 및 물질에 대한 안전조치를 IAEA에 위임하게 되어, 안전조치 시행을 위해 IAEA, 한국, 미국이 추가로 안전조치 협정을 체결하였다. 안전조치 협정 역시 미 국무부가 초안한 안을 주미 한국대사관으로부터 전달받아 원자력원이 검토하였다. 안전조치 협정에는 기술적이고 전문적인 내용이 다수 포함되어 있었기 때문에, 외무부는 미국 측 초안의 한국어 번역본 작성도 원자력원에 의뢰하였다. 당시 미국이 제안한 초안은 미국의 모델 협정안으로서, 당시 미국은 13개국과 유사한 협정을 체결하였다. 「안전조치 적용에 관한 국제원자력기구(IAEA), 대한민국 정부와 미합중국 정부 간의 협정」은 (1) 원자 물질, 장비 혹은 시설을 군사적 목적으로 사용하지 않음 (2) IAEA는 안전조치 규정에 따라 안전조치를 시행 (3) IAEA는 의무 준수를 확인하기 위해 필요한 감사를 실시 등으로 되어있다. 협정안은 1967년 9월 IAEA 이사회의 승인을 거쳐, 1968년 1월 5일 서명, 발효되었다.[32]

1960년대의 한미 원자력 협상은 1950년대와는 다른 협상 과정을 보여주었다. 이미 언급한 것처럼, 1950년대는 아직 원자력 행정조직이 충분히 기능하기 전이

---

32   외교문서 9: 안전조치 적용에 관한 국제원자력기구·한·미국 간의 협정. 전2권(1966-1968).

었기 때문에 원자력 행정의 주무 부서인 문교부(원자력과)보다 외무부가 협상을 주도했다. 외무부와 주미 한국대사관이 중심적인 협상 행위자였다. 그러나 1960년대가 되면 문교부의 원자력원이 원자력 행정의 중심조직이 되었고, 1967년에는 과학기술처 원자력청이 발족하면서 협상의 중심은 외무부에서 과기처로 이동했다. 물론 주미 한국대사관은 미 국무부와 협상하는 협상 당사자로 기능했지만, 협정안 조정 등의 기초 협상은 원자력원이나 원자력청이 직접 담당하여 외무부의 직접 협상 기능은 상당한 정도로 축소되었다. 1960년대의 대미 협상의 패턴을 정리하면, 과기처 원자력원이 협정의 세부 내용 등 주요 사항을 결정하였으며, 외무부는 관련 기관과의 의견수렴을 전담하며, 협정의 비준 및 대통령 재가를 총괄하는 기관으로 기능했다. 물론 미국과의 최종 협상은 주미 한국대사관이 담당했다. 이러한 협상 패턴은 1970년대가 되면서 더욱 강화되었다.

III. 1970년대 한미 원자력 협상의 전개 과정과 협상 전략

1. 협상의 배경

1960년대 미국은 국내의 늘어나는 핵연료 공급 요구에 대해 장기적인 핵연료 수급 계획을 검토하면서, 협정 체결국들의 핵연료 공급 확대를 위한 협정 개정 요구에 응하지 않았다. 그동안 미국은 핵연료 총생산 능력의 약 40% 정도를 가동하면 미국 내의 수요에 대응 가능했으나, 점차적인 수요 증가로 장기적인 계획이 필요하게 된 것이다. 1970년이 되어 핵연료 수급 전망이 확립되어 미국은 협정 개정을 추진하기 시작했다. 향후는 핵연료 수요국가가 필요로 하는 양을 미국이 무한 공급하는 것이 아니라, 구체적인 공급량은 상업적 베이스에 의해 확정하도록 정책을 변경하였다. 변경된 미국의 정책은 1972년의 한미 원자력협정에 반영되었다. 또한 미국은 1973년 이후에 착공하는 모든 신규 원자로에 대한 핵연료 공급은 1973년 이후의 신협정 체결 혹은 기존 협정의 개정을 통해 공급한다는 정책으로 전환했다.

한편, 1970년대는 전 세계적으로 핵 비확산이 강화되는 시기였다. 1969년 핵확산금지조약(NPT: Nuclear Nonproliferation Treaty)이 유엔총회에서 비준되어 핵무기 비보유국은 IAEA의 안전조치를 받게 되었을 뿐 아니라, 1974년에 발생한 인도의 핵실험은 미국의 대외 원자력 정책을 강력한 핵확산 방지 정책으로 전환시켰다. 원자력 산업의 거의 전 영역을 미국에 의존하고 있는 한국에게 1970년대는 시련의 시기였다.

1970년대의 미국도 에너지 문제로 힘들었던 시기였다. 1970년대 미국은 세계

에너지의 1/3 정도를 소비하고 있었는데, 1970년대 초반의 오일쇼크와 1979년의 이란 혁명으로 유가가 폭등하였다. 미국은 비용 절감을 위해 미국 내 석유 가격을 통제하기 시작했다. 카터 대통령은 1977년 수준으로 원유 도입량을 동결하고, 석유 소비량 감축과 휘발유 배급제, 태양력 등 대체에너지 개발을 지원하는 에너지 정책을 1979년 9월 발표하였다. 1970년대는 미국이 원전 건설 및 원자력 수출에 적극적이던 시기였으나, 스리마일섬(TMI) 원전 사고(1979년)[33] 이후 카터 미 대통령은 탈원전을 선언하여, 착공 이전의 원전건설 계획은 모두 백지화되었다. 이후 미국은 30년간 신규 원전의 건설을 허가하지 않았다.

인도의 핵실험 이후 미국은 핵확산 방지를 대외 원자력 정책의 중심에 두었다. 1976년 미국은 재처리기술의 상업화를 연기하면서, 재처리기술을 보유한 소련, 영국, 프랑스 등에 재처리시설 및 기술 이전 중지를 요구하였고, 1977년 출범한 카터 정권은 원자력의 평화적 이용을 제한하더라도 핵 비확산을 우선시키는 정책을 선택했다. 카터 대통령은 1977년 4월, (1) 상업용 재처리와 경수로에서의 플루토늄 이용의 무기한 연기 (2) 고속증식로 개발의 전면적인 재검토 및 상업화 연기 (3) 재처리기술 등을 대체하는 새로운 핵연료 기술에 대한 연구개발 등의 핵 비확산 정책을 발표했다. 한편 미 의회는 1978년 3월 「핵 비확산법」을 통과시켰다. 이 법은 원자력의 평화적 이용을 위한 국제협력을 증진하면서도 동시에, 미국의 핵물질, 원자력 관련 자재, 기술 등의 수출에 대한 효과적인 통제를 통해 핵 비확산을 강화하기 위한 국내법이다. 또한 핵 비확산법은 미국과 원자력협정

---

33 1979년에 발생한 미국 최초의 원전 사고로, 1986년 체르노빌 원전 사고, 2011년 일본 후쿠시마 원전 사고와 함께 세계 3대 원전 사고 중 하나로 꼽힌다. 미국 펜실베이니아주에 있는 스리마일섬의 원자력발전소 2호기에서 냉각장치가 파열돼 노심용융이 일어나 핵연료가 외부로 누출된 사고.

을 체결하고 있는 국가에게 미국의 강화된 핵 비확산 정책을 수용하도록 대통령과 행정부에 의무를 부과하는 법이기도 했다. 즉 이 법은 미국산 핵물질의 재처리, 제3국으로의 이전 등에 관한 기준을 확립하고, 미국은 관계 국가와 체결하고 있는 원자력협정을 재검토하여 핵 비확산을 위한 엄격한 규제를 부과할 것을 요구하고 있다.[34]

한편 1970년대의 한국은 원자력발전을 본격화하던 시기였다. 1971년 11월 상업용 원자로 1호기인 고리 1호기가 착공되었고, 1972년에는 1956년에 체결한 원자력협정을 신협정으로 개정하였다. 미국 이외의 국가들과의 원자력 협력도 시작되어 1974년 10월에 프랑스, 1976년 1월에 캐나다, 1979년 5월에는 호주와 원자력협정을 체결하였다.[35] 1978년 4월에는 고리 원전 1호기가 상업용 발전을 시작하였다. 1974년 5월에 실시된 인도의 핵실험과 1979년 3월에 발생한 미국 스리마일섬 원전 사고와 같은 국제적인 반원전 흐름 속에서 한국은 비약적으로 원자력산업을 성장시켰다.

동시에 1970년대의 한국은 원자력 자립과 핵 개발을 위해 인도의 핵실험에도 불구하고 사용후핵연료의 재처리를 시도하였다. 박정희 대통령은 프랑스와의 협력으로 국내에 재처리시설을 건설하여 핵연료 주기를 완성, 궁극적으로는 핵무기를 개발할 수 있는 프로젝트를 추진하였다. 그러나 미국은 한국의 재처리시설 도입에 강력히 반발하였고, 원자력발전소에 대한 연료공급을 중단하겠다고 압박해 왔다. 원자력 프로그램 전반을 미국에 의존하고 있는 한국으로서는 미국의 요

34　전진호, 『일본의 대미 원자력외교: 미일 원자력 협상을 둘러싼 정치과정』(도서출판 선인, 2019).

35　프랑스와 캐나다와 원자력협정을 체결한 것은 국내의 핵연료 재처리를 위한 시도였다. 즉 프랑스로부터는 핵연료 재처리시설을 도입하고, 캐나다로부터는 플루토늄 생산이 비교적 용이한 CANDU로를 도입하기 위해서였다.

구를 수용할 수밖에 없었다. 한국은 재처리시설 건설을 포기하였고, 한미 원자력 협력은 정상화되었다.

　한미 원자력협력의 측면에서 보면, 1956년 최초의 협정이 체결된 후, 1958년의 1차 개정, 1965년의 2차 개정을 거치면서 안정적인 협력관계로 발전하고 있었다. 1971년에 상업용 원자로가 착공되었고, 미국 이외의 국가와도 원자력협정을 체결하는 수준으로 원자력 협력의 폭도 넓어졌다. 한편 국내의 원자력 행정체계도 정비되어 갔다. 1956년 3월에 문교부 원자력과에서 출발하여, 1959년 1월에 문교부 원자력원으로 확대 개편, 1967년 3월에는 과학기술처 원자력청으로 재편되었다. 설립 이후 원자력청은 미국의 원자력위원회 등과 직접 협상이 가능할 정도로 발전했다. 1974년의 인도 핵실험, 1977년에 출범한 카터 행정부의 강력한 핵 비확산 정책 속에서도 국내의 원자력 산업은 순조롭게 발전하였다. 한미 간의 원자력 협정도 인도의 핵실험 직전인 1974년 개정되어 미국으로부터 순조롭게 농축우라늄을 공급받을 수 있었다.

2. 원자력협정의 개정과 재처리 협상

가. 원자력협정의 개정

　1972년 개정 이전의 협정은 1956년 2월에 체결되어 2회의 개정을 거쳐 1976년 2월까지 유효한 협정이었다. 그러나 1968년에 한국, 미국, IAEA가 체결한 안전조치 협정을 원자력협정에 반영시키기 위한 개정이 필요했으며, 국내적으로는 1970년대에 건설 예정인 4기의 원자력발전소에 필요한 핵연료가 59,000kg 정도로 추정되어, 원자력발전소 가동에 필요한 농축우라늄 공급의 상한선을 높이는 협정 개정이 필요하게 되었다.

협정 개정을 위해 원자력청은 1968년부터 미 원자력위원회와 협정 개정에 관한 의견을 교환했다. 의견교환 과정에서 원자력청은 향후에 착공될 4기의 원자력발전소에서 사용할 핵연료 u-235를 59,500kg까지 공급한다는 미국 측의 사전 합의 약속을 요구했다. 그러나 미 원자력위원회는 협정체결일로부터 5년 이내에 확정되는 사업만을 협정의 대상으로 한다며, 1973년 이후에 착공하는 모든 신규 원자로에 대한 핵연료 공급은 1973년 이후의 신협정 체결 혹은 기존 협정의 개정을 통해 공급을 약속한다고 주장했다. 즉 1975년 착공 예정의 원전에 대한 핵연료 공급을 현행 협정에서는 보장할 수 없으며, 향후에 추가로 핵연료 공급이 필요하게 되면 그때 협정을 개정하여 핵연료를 공급받는 것이 좋다는 것이었다. 결국 원자력청은 미 원자력위원회의 제의를 수용하여 1970년 기본 합의에 도달했다.

외무부는 원자력청이 제안한 협정개정안 초안에 동의하여 국무부에 협정개정안을 제시했다. 국무부도 기본적으로 협정 안에 동의하여, 신협정을 체결할 것인지, 아니면 기존 협정을 개정할 것인지를 한국이 선택하라고 다시 제안했다. 외무부는 미국 측이 제안한 협정안을 원자력청에 제시했으며, 원자력청은 최종적으로 미국 측 수정안에 별도의 이견 없이 동의하였다. 신협정은 1972년 11월 워싱턴에서 서명되어, 1973년 3월 발효되었다.

1972년 신협정의 주요 내용은 (1) 1956년 2월 체결되고 1958년 3월, 1965년 7월에 개정된 협정을 대치 (2) 특수핵물질에 관해 기밀로 분류되지 않은 정보를 교환 (3) 미국은 연구용 및 동력로에 필요한 핵연료(우라늄 235)를 양도하며, 핵연료는 12,900kg을 초과하지 않음 (4) 협정에 의해 양도된 물질 혹은 장비는 비군사적 목적에만 사용 (5) 협정에 의해 양도된 물질, 장비에 대한 안전조치의 적용에 IAEA를 참여시키며, 한·미·IAEA 간의 3자 협정을 개정함 (6) 양국 정부가 협정 발효를 위한 헌법상의 요건을 충족하였다는 서면 통고를 접수한 일자에 협정은 발효하며, 유효기간은 30년 등이었다. 1972년에 개정된 신협정의 주요 내용과 1956년 협정과 1972년의 협정을 비교하면 다음과 같다.

〈표 5〉 한미 신 원자력협정의 주요 내용(1972년 체결)

제1조	협정에서 사용하는 당사자, 기밀자료, 특수핵물질 등의 명칭의 정의
제2조	원자력의 평화적 이용을 위한 협력. 기밀자료는 수수, 양도되지 않음
제3조	기밀로 취급되지 않는 교환되는 정보의 정의
제4조	원자로에 사용하는 선원 물질 등은 양국의 합의로 양도될 수 있음
제5조	교환, 양도된 정보, 물질, 장비 등은 접수하는 당사자의 책임
제6조	협정이 정하는 바에 따라 권한을 위임받은 주체 간 약정 체결 가능
제7조	협정에 기술되어 있는 동력로가 필요로 하는 농축우라늄 235의 공급
제8조	농축우라늄 235의 양도 조건, 경비, 재처리 등의 조항
제9조	농축우라늄 235는 12,900kg까지 양도
제10조	안전조치의 유지와 양도된 물질의 합의 없는 관할 밖 양도 금지
제11조	안전조치 적용에 관한 미국의 권리에 관한 조항
제12조	미국이 양도한 물질 등에 대한 IAEA의 안전조치를 적용함
제13조	협정에 규정된 당사자의 권리, 의무는 향후의 활동에도 확대 적용
제14조	이 협정으로 1956년 협정을 대치
제15조	협정의 유효기간은 30년

1972년의 신협정은 몇 가지 점에서 1956년 협정과는 다른 차별성을 가진다. 먼저 우라늄 농축과 관련해서 신협정은 20%까지 농축한 농축우라늄 235를 공급하지만, 미 원자력위원회가 양도의 기술적, 경제적 타당성이 있다고 인정하면 20% 이상의 농축우라늄을 제공할 수 있다는 여지를 만들어 놓았다(제8조 c). 두 번째는 사용후핵연료 재처리와 관련하여, 특수핵물질(농축우라늄, 플루토늄)을 재처리하거나 핵연료의 성분을 변경하는 것은 양국이 공동으로 결정(joint determination)하면 양 당사자가 수락하는 시설 내에서 재처리 혹은 변형이 가능하다고 규정하고 있다(제8조 f). 이 두 조항은 조건부로 재처리와 고농축 우라늄 이용을 허용하고 있

어, 한국의 우라늄 농축과 사용후핵연료 재처리를 제한할 수 있는 근거로 해석될 수 있다. 세 번째는 신협정은 원자로 기술과 관련 재료에 대한 공급국의 규제를 광범위하게 인정하고 있다(제11조). 신협정에 공급국인 미국의 규제권이 광범위하게 규정되어 있으나, 이는 미국이 공여국으로 체결한 거의 모든 원자력협정과 크게 다르지는 않다.

〈표 6〉 1956년 협정과 1972년 협정의 비교

1956년 협정	1972년 협정
원자력의 비군사적 사용에 관한 상호 정보 교환 및 협력	원자력의 평화적 목적을 위한 상호 협력과 정보 교환
연구용 원자로의 가동에 필요한 핵연료(u-235)의 대여(대여 한도 6kg)	연구용 원자로 및 동력로 가동에 따른 핵연료(u-235, 12,900kg) 공급
-	안전보장 조치를 IAEA에 이관
1976년 2월까지 유효	협정의 유효기간은 30년
협정문은 영어로만 작성	영어와 한국어로 협정문 정본 작성
-	고리에 건설 예정인 600MWe급 제2호기 원자력 발전소에 필요한 핵연료에 대해서는 건설이 확정된 후 협정을 수정하도록 합의각서 첨부

마지막으로 1972년 협정에서 처음으로 한국어와 영문으로 정본을 작성한 점이다. 1956년 최초의 협정 체결 당시에 미국은 영문 협정문만을 정본으로 하려 했으나, 외무부가 주미 대사관에 영문과 국문 모두를 정본으로 하되, 협정문 해석에서 양 당사자 간에 이견이 발생할 경우 영문을 기준으로 하도록 훈령한 바 있다. 그러나 미국이 한국 측 요청을 수용하지 않아 1965년 협정 개정까지 영문 정본만을 작성했다. 그러나 1972년의 협정 개정에서 미국이 한국의 제안을 수용하여 처음으로 한국어와 영문으로 정본을 각각 작성하였다. 영문본의 한글 번역은 외무부가 담당하였다.

1972년의 신협정 체결에는 과기처 원자력청과 미 원자력위원회가 기초 협상을 담당했고, 협정문을 완성하는 과정에서는 주미 한국대사관과 미 국무부(동아시아 차관보)가 주로 협상했다. 협정문 서명은 주미 한국대사와 미 국무부 동아시아 차관보가 담당했다. 협상 과정에서 외무부는 국내 비준 조치 완료 후 협정에 양측이 재차 서명할 필요 없이, 협정 안에 양측이 정식 서명한 이후 필요한 국내 법적 요건을 충족한 후 상호 통보하면 협정이 발효되는 방식을 제안하였다. 이는 협상의 비준과 대통령 재가 등에 외무부의 지침이 받아들여진 것으로 평가할 수 있다.

앞에서 언급한 것처럼, 협상 과정에서 우라늄 공급에 대한 양국의 의견 차이가 드러났다. 협상 과정에서 미국은 증가하는 국내·외 우라늄 수요에 대처하기 위해 지금까지는 핵연료 수요국가에 공급할 수량을 미리 정해 협정에 수치를 반영하는 방식을 취해 왔으나, 향후는 협정에는 우라늄을 공급한다는 사실만을 확인하고 공급 수량과 시기는 공급자와 수요자 간의 통상적인 상업 베이스에 의한 계약으로 확정하자는 안을 제시한 것이다. 이러한 방식으로 협정을 변경하면 개별 계약에 의해 필요량을 공급할 수 있으며, 공급량 변동에 따라 협정을 자주 개정해야 하는 번잡함을 피할 수 있다고 주장했다. 미국은 이러한 변경을 협정 개정으로 반영할 것인지, 아니면 새로운 형태의 협정을 체결하는 방식으로 할 것인지를 선택할 것을 요청한 것이다. 당시 한국은 1975년 착공 예정인 고리 2호기에 필요한 핵연료 공급이 중요했기 때문에 미국의 제안을 수용할 수밖에 없었다.

신협정에 이러한 내용이 양해사항으로서 협정에 첨부된 것은 미국 측과 원자력청의 요구를 조정한 결과였다. 미국은 한국의 농축우라늄 추가 요구에 대해 이를 적극적으로 검토하며, 협정의 개정을 고려한다는 약속을 양해사항으로 협정에 덧붙이자고 제안했다. 외무부는 실무자 간의 서신교환 형식보다 협정 서명 시에 각서를 교환하도록 주미 한국대사관에 협상을 요구했다. 그러나 미국은 양해사항에 대한 서신교환은 우라늄 공급에 관한 실제적 권한을 가진 원자력위원회 담당자의 명의로 된 서신교환으로 확인하는 것이 관례라고 주장하였고, 협상한 주미 대사관도 대사관 담당자와 원자력위원회 담당자 간의 서한으로 합의할 것을 건의하여, 외무부가 이를 수용하여 양해각서의 형태로 협정에 첨부되었다. 1972년의 신협정 체결 협상 과정에서도 외무부와 주미 대사관은 미 원자력위원회의 요구, 요청사항을 대부분 수용하는 형태로 협상이 진행되었다. 협상 결과 다음과 같은 내용이 양해각서로 첨부되었다.

> 본 협정에 규정된 농축우라늄 양 이외에도 1975년경 건설 예정인 600MWe급 경수형 동력용 원자로의 연료로 사용하기 위한 농축우라늄의 수요가 요청될 것을 양해한다. …… 한국 정부가 필요로 하는 이와 같은 수요의 필요성을 충분히 인정하고 원자로에 필요한 농축우라늄의 공급을 위해 협정 개정에 응할 용의가 되어있다. 다만 미 원자력위원회의 농축 시설 능력과 계약조건이 연료공급 결정의 요인이 될 것을 양해한다.[36]

양해각서의 형태와 내용이 합의되자 주미 대사관은 본부와 교신하며 서명하였다. 서명은 주미 한국대사가 하였지만, 협정의 세부 내용 점검은 외무부가 담당하여, 영어 협정문의 some, any 등의 영어 표현까지 세세히 점검하였다. 협정 서명 이후 외무부는 검토를 위해 법제처에 협정안을 넘겼고, 법제처는 헌법 제56조 제1항[37]에 규정된 조약에 해당하지 않으므로 절차상 국회의 동의가 필요하지 않다고 통보해 왔다. 협상과 비준 과정에 참여한 주요 행위자는 외무부와 주미

---

36 외교문서 11: 원자력의 민간이용에 관한 한·미 간의 협력을 위한 협정(1973).
37 헌법 제56조 제1항: 국회는 상호원조 또는 안전보장에 관한 조약, 국제조직에 관한 조약, 통상조약, 어업조약, 강화조약, 국가나 국민에게 재정적 부담을 지우는 조약, 외국군대의 지위에 관한 조약 또는 입법사항에 관한 조약의 체결·비준에 대한 동의권을 가진다.

한국대사관, 과학기술처(원자력청)[38], 경제기획원(예산 관련), 상공부(고리 원자력발전소 관할), 법제처 등이었다.[39] 1950년대와 60년대의 원자력 협상에서 외무부가 전담해 오던 기초교섭 등의 역할을 과기처(원자력청)가 담당하게 되어 외무부와 과기처 간의 협상 과정에서의 역할 분담이 가능하게 되었으며, 과기처 원자력청이 원자력 협상의 주무 부서로 성장하는 계기가 되었다. 물론 1970년대 대미 원자력 협상의 컨트롤 타워는 여전히 외무부였다.

1956년 협정이 1972년 협정으로 대체되면서 안전조치에 관한 한·미·IAEA 간의 협정도 수정이 필요하게 되어, 외무부가 원자력청에 의견을 타진했다. 이에 대해 원자력청은 별도의 이견을 제시하지 않아, 한미 원자력 협정 개정 협상과 동시에 한·미·IAEA 협정 개정 협상을 병행하여 추진했다. IAEA와의 협상은 IAEA가 위치한 주오스트리아 대사관이 담당했다. 한·미·IAEA 간의 안전조치에 관한 협정은 1972년 11월 비엔나에서 서명되어, 1973년 3월 발효되었다.[40]

한미 신협정이 발효된 직후인 1973년 9월에 미 원자력위원회는 핵연료 공급 방법을 장기 고정계약으로 하며, 핵연료 인도의 8년 전에 계약을 체결하여야 하는 등의 새로운 핵연료 공급정책을 발표했다. 이러한 공급정책 변화를 협정에 반영하고, 동시에 외국에 대한 핵연료 공급 약속을 가급적 협정에서 규정하지 않고, 미국 내 기관에 우선 공급하기 위한 목적으로 미국은 원자력협정 개정 요구를 했다. 미국은 일본 및 호주와의 협정 개정에 이미 이러한 내용을 반영하였다.

---

38 협상 과정에서 원자력청은 미국의 Gulf Energy & Environmental System, Inc.가 개발한 핵연료(70%로 농축된 u-235)가 20%로 농축된 u-235보다 노심 수명을 연장할 수 있다고 주장하며, 협정 개정을 통해 농축도가 70%인 연료를 구매할 수 있도록 요구했으나 받아들여지지 않았다.

39 외교문서 11: 원자력의 민간이용에 관한 한·미 간의 협력을 위한 협정(1973).

40 외교문서 12: 1968.1.5.자 안전조치 적용에 관한 국제원자력기구·대한민국 정부 및 미합중국 정부 간의 협정에 대한 수정협정.

미국의 협정 개정 요구에 대해 외무부는 과기처, 경제기획원, 상공부에 의견을 물었고, 과기처가 협정 개정에 대한 구체적인 검토의견을 제시하였다. 즉 미국이 요구하는 고정계약을 받는 대신, 농축우라늄의 계약 한도를 상향 조정하자는 것이었다. 1986년까지 우리나라의 원전 시설 용량이 5,000MW인 것을 감안하여 충분한 핵연료를 사전에 확보하고, 협정의 유효기간도 41년으로 연장하자는 안이었다. 외무부는 이러한 과기처 안을 토대로 미국 측과 협상할 것을 지시했으며, 주미 한국대사관은 1973년부터 개정 협상을 시작하여 신협정 발효 1년 만인 1974년 5월 협정 개정안에 서명했다(발효는 동년 6월). 협정 개정은 미국 측의 요구대로 계약방식을 고정계약으로 변경하고, 한국 측이 요구한 5,000MW 시설 용량만큼 연료를 공급받는다는 내용이었다. 협정 개정 직후에 한·미국 간 핵연료 농축계약이 체결되었다. 1974년 개정으로 변경된 협정 내용은 다음과 같다.[41]

〈표 7〉 1972년 체결 신협정과 1974년 개정 협정 비교

	1972년 협정	1974년 개정
농축우라늄의 공급 한도	12,900kg (연구용 원자로 및 고리 1호기 운전에 필요한 연료)	발전시설 용량 5,000MW를 초과하지 않는 원자로의 연료공급에 필요한 우라늄 공급
공급 방법	수시 계약에 따른 공급	고정 계약 체결
특수핵물질 양도	-	양도 가능(사전 계약 필요)
우라늄 농축	우라늄 235의 농축은 20% 이내, 20% 이상은 미 원자력위원회의 승인	동일
플루토늄 양도	365kg 이내	공급량 제한 삭제
유효기간	30년	41년

1970년대의 한미 원자력 협상은 1950, 60년대와는 다른 양상을 보였다. 1960년

---

41 외교문서 13: 원자력의 민간이용에 관한 대한민국 정부와 미합중국 정부 간의 협력을 위한 협정 개정.

대까지는 외무부가 한미 원자력 협상을 사실상 주도했으나, 과기처에 원자력청이 만들어진 1967년 이후는 과기청도 한미 원자력 협상에 중요한 역할을 하였다. 원자력청은 미 원자력위원회와 직접 접촉하며 기초 협상을 담당하였으며, 재처리 협상은 과기처가 직접 미 국무부와 협상하기도 하였다. 외무부뿐만 아니라 과학기술처가 정부 간 원자력 협상의 당사자 역할을 하기 시작한 것이다. 물론 최종적인 협상이나 협상문의 최종 조율, 서명, 비준 등은 외무부와 주미 한국대사관이 역할을 한 것은 마찬가지였다.

한편 미국 측은 국무부와 원자력위원회가 의사결정의 중심이었다. 1970년대 협상에서 원자력청(과기처)의 협상 파트너는 미 원자력위원회였으며, 외무부(주미 한국대사관)의 협상 파트너는 국무부였다. 1970년대 협상까지 핵연료 공급이나 안전조치 등이 주요한 협상 의제였고, 따라서 미 원자력위원회와 과기처 원자력청이 기초 협상을 담당했고, 국무부는 주미 한국대사관과의 최종 협상에 주로 관여했다. 앞에서 기술한 것처럼, 협상안의 토대 작성에는 주로 원자력위원회가 관여했으며, 협정문 본체에 대해서는 국무부가 의사결정을 주도했다. 1970년대 한미 원자력 협상에서는 원자력 주무 부서와 외교 부서 간의 적절한 역할 분담이 한미 양국 모두에서 이뤄져 있었다고 평가할 수 있다. 미국에서는 국무부와 원자력위원회 외에 협상 안건에 따라 국방부나 군비관리군축청, 에너지연구개발국, 원자력규제위원회 등의 기관이 의견 조율과정에 참가했다.[42]

한편, 국무부와 원자력위원회에 더해 백악관도 정책 결정 과정에 참여했다.

---

42 Memorandum to the Assistant to the President for National Security Affairs from Robert S. Ingersoll regarding a U.S. approach, and Canadian and French attitudes, toward a proposed South Korean nuclear weapons reprocessing plant. Department Of State, 2 July 1975(.S. Declassified Documents Online, link.gale.com/apps/doc/CK2349116042).

1972년 신협정 체결과 관련해서 헨리 키신저(Henry A. Kissinger) 대통령 안보보좌관(National Security Adviser)은 1972년 8월 닉슨 대통령에게 원자력위원장(James R. Schlesinger)이 제안한 신 한미 원자력협정을 추인할 것을 건의하기도 하였다. 키신저 보좌관은 신협정은 미국의 원자로 및 농축우라늄 수출을 포함한 한미 원자력 협력을 증진시킬 것이며, 미국이 유사한 협정을 체결하고 있는 호주, 일본, 스웨덴 등과도 유사한 협정이라는 점에서 원자력위원회가 제안한 신협정 체결 승인을 요청했다.[43]

키신저 보좌관의 제안 직후에 닉슨 대통령은 미 원자력위원장에게 보낸 공문에서 제안된 신협정안을 승인하며, 원자력위원회와 국무부가 주무 부서로서 협정을 체결하고, 이행하라고 지시했다.[44] 1972년 8월 2일 미 원자력위원회의 협정 승인 요청, 8월 21일 키신저 보좌관의 협정 승인 제안, 8월 29일 닉슨 대통령의 승인으로 이어져, 1972년 8월 중에 한미 신 원자력협정 체결에 관한 미국의 주요한 정책결정이 이뤄졌다. 미국은 원자력위원회가 기초교섭과 협정안 작성을 담당하면, 국무부가 주미 한국대사관 혹은 한국 정부와의 최종 협상을 담당하였고, 최종 의사결정은 백악관 안보보좌관을 통해 대통령 재가로 이어졌다.

나. 재처리시설 도입을 둘러싼 한미 원자력 협상

1970년대 초의 두 차례의 원자력협정(개정)은 큰 문제 없이 마무리되었지만,

---

43 Memorandum for the President from Henry A. Kissinger, "Proposed Atomic Energy Agreement with the ROK," White House, 21 Aug. 1972(U.S. Declassified Documents Online, link.gale.com/apps/doc/CK2349684203).

44 Memorandum for the President from DR. James R. Schlesinger, "Proposed Agreement for Cooperation with Korea Concerning Civil Uses of Atomic Energy," White House, 29 Aug. 1972(U.S. Declassified Documents Online, link.gale.com/apps/doc/CK2349684204).

한미 간 원자력 협력에 악영향을 주는 중대한 사태가 발생했다. 한국 정부가 1974년 10월 프랑스와 원자력협정을 체결하면서 재처리시설 건설을 추진했기 때문이다. 박정희 대통령은 원자력발전은 물론 핵무장에도 큰 관심을 가지고 있었다. 박 대통령은 우라늄 농축에서 핵연료 재처리까지 원자력발전의 전 과정을 국내에서 처리하는 핵연료 주기를 완성하고, 사용후핵연료의 재처리를 통해 핵무장하는 옵션을 가지려 하였다. 한국 정부가 1974년 프랑스와 원자력협정(과학기술처와 프랑스 원자력위원회 간의 각서 교환 형태)[45]을 체결하여 재처리시설을 건설하려 한 것이나, 캐나다의 협력으로 중수형 실험용 원자로(NRX)[46]를 도입하려 한 것도 이러한 목적에서였다.[47] 특히 프랑스는 한국과의 재처리 협력에 매우 적극적이었다. 과기처 장관의 프랑스 방문 이후 프랑스 원자력위원회는 여러 차례 문서를 보내 협력 의사를 분명히 했다.

한국은 프랑스로부터 연간 처리용량 약 4톤의 시범용 재처리 플랜트(Pilot Plant)를 도입할 계획이었으며, 시험용 시설은 향후 상업적 규모의 재처리시설 건립의 가능성을 열어두는 것이었다. 한국이 재처리시설을 운용하면 한국의 원자력 산업 다변화에는 기여하나, 미국의 업계에는 부담이 되는 것이 사실이었다. 특히 인도의 핵실험 이후 미국은 핵확산을 방지하기 위한 원자력 관련 법규의 효율성을 재검토하였고, 인도의 핵실험으로 개최된 1975년의 NPT 검토 회의를 계기로 안전조치 규제 강화 여론이 고조되었다. 그러나 외무부는 재처리시설이 세계적으로 부족한 상황에서 국내 재처리시설 이용을 희망하고 있었다.

----

45 외교문서 16: 한·프랑스 간의 원자력의 평화적 이용에 관한 협력협정(1973-1974).

46 캐나다가 천연우라늄을 연료로, 중수를 감속재(減速材)로 하여 개발한 실험용 원자로(NRX: National Research X-metal or X-perimental). 캐나다는 NRX 기술을 발전시켜 만든 중수형 원자로인 CANDU를 대만과 인도, 파키스탄 등에 수출.

47 외교문서 17: 캐나다 원자로(CANDU 2기 및 NRX) 도입을 위한 재정 차관 협상(1973-1974).

1974년 5월 인도의 핵실험 이후 미국은 각국의 핵무기 개발 여부에 주목하면서, 핵물질과 장비의 이전은 물론 재처리, 농축, 중수 제조기술 등의 이전을 엄격히 규제하기 시작했다. 이런 상황에서 한국이 프랑스의 협력으로 재처리시설을 건설하려 한다는 사실을 알게 된 미국은 여러 경로를 통해 한국을 압박했다. 연구용 원자로의 연료는 물론 고리 1호기에 사용될 연료의 공급을 중단하겠다고 압력을 넣었으며, 캐나다에게도 실험용 원자로를 한국에 판매하지 않도록 압박했다. 더 나아가 한국에 대한 수출입 규제 등의 경제제재나 주한 미군 철수까지 거론되는 상황이 되었다. 실제로 포드 행정부는 한국에 대한 군사원조를 삭감했으며, 미국 수출입은행의 차관 승인을 받은 원자로 2호기 도입에 대한 의회의 압력도 가중되고 있었다. 미 의회는 안전조치 강화를 요구하였다. 상황이 악화되자 한국 정부는 미국과의 재처리 문제 협상에 나섰다.

프랑스와의 원자력 협력으로 재처리시설을 건설하려는 한국에 대해 미국은 협정 제8조 C항을 근거로 제동을 걸었다. 한미 원자력협정 제8조 C항은 다음과 같다.

> 본 협정 또는 대치된 협정에 따라 미합중국으로부터 인수하는 특수핵물질이 재처리를 필요로 하거나, 또는 본 협정이나 대치된 협정에 따라 미합중국으로부터 인수하는 연료 물질을 함유하는 조사된 연료 성분이 원자로로부터 제거되어야 하거나, 또는 그 형태나 내용에 변형을 가하게 되는 경우에는, 제11조의 규정을 효과적으로 적용할 수 있도록 양 당사자가 공동으로 결정하여 양 당사자가 수락하는 시설 내에서 동 재처리 또는 변형을 한다.

제8조 C항을 미국은 (1) 특수핵물질의 재처리 혹은 조사된 연료의 형태와 내용의 변경을 위한 선행조건으로서, 동 협정 제11조(안전조치)가 효과적으로 적용

될 수 있도록 양국 정부의 공동결정이 있어야 하며, (2) 공동결정이 내려지면, 동 재처리 또는 변형의 경우 제2단계 선행조건으로서 그것이 재처리되는 시설에 관하여 양국 정부가 상호 수락한다는 것을 합의하여야 한다고 해석했다. 즉 미국은 재처리 또는 변형에 대한 선행조건으로 양국 정부에 의한 공동결정이 필요하며, 더 나아가 재처리시설에 대한 양측의 합의가 필요하다는 것이다. 따라서 미국의 해석에 의하면, (1) 제1호기에 사용된 특수핵물질의 재처리 혹은 조사된 연료의 변형을 할 경우, 미국이 허락하지 않는 한 국내 혹은 국외의 재처리시설을 이용할 수 없으며, (2) 협정의 제11조에 따라 안전조치에 대한 제 규정을 한국 측이 이행하지 않을 경우, 협정을 정지시키거나 종료시킬 수 있으며, 마찬가지로 양국 간에 합의가 성립하지 않을 경우도 미국은 협정을 정지시키거나 종료시킬 수 있다는 것이다.

한국이 프랑스와 캐나다로부터 사용후핵연료 재처리와 관련한 시설과 기술, 그리고 원자로를 도입하려는 시도에 대해 미 국무부는 ACDA(군비관리군축청; Arms Control and Disarmament Agency)[48], 국방부, ERDA(에너지연구개발국), CIA 등과 협의한 후, 대통령에게 대응 옵션을 제안하였다. 미국 측은 현행 한미 원자력협정 제8조 C항을 근거로 한국의 재처리를 제어할 수 있다는 것이었다.

국무부는 관련 기관과의 협의 후에 대통령 안보보좌관에게 보낸 문서에서, 한국이 재처리기술 확보를 위해 프랑스, 캐나다로부터 각각 재처리시설 건설과 CANDU로 도입을 추진하고 있으며, 한국이 재처리기술을 확립하고 미국이 한국

---

48 군비 규제와 군축 정책을 위한 조사, 국제교섭을 담당하는 미국의 정부 기관으로, 전략 핵무기의 감축과 핵실험 금지 등 효율적인 군비 규제와 군축을 위한 정책 수립을 담당. ACDA가 만들어지기 전까지는 미 국무부 산하 군축국(the U.S. Disarmament Administration)이 군비 규제 및 군축 정책을 담당하였다.

에 대한 핵우산을 철회할 경우, 한국이 핵무장을 선택하여 미국의 이익에 치명적인 위협이 될 것이라고 경고하였다. 아울러 현행 한미 원자력협정에 의해 미국이 한국에 제공한 원자로에서 생산된 사용후핵연료의 재처리에 대해서는 미국이 거부권(veto)을 행사할 수 있으며, 한국의 원자력 프로그램은 사용후핵연료의 재처리를 당분간은 필요로 하는 것은 아니라고 판단하였다. 국무부는 사안의 중요성에 비추어 가급적 빠른 시일 안에 대응책을 수립하여 대응해야 한다고 백악관에 권고하였다.[49]

미국의 이러한 협정 해석에 대한 대책 회의가 1975년 7월에 청와대 경제수석실에서 개최되었다. 참가자는 청와대에서 경제1 수석비서관, 경제담당 비서관이 참석하고, 외무부에서 경제차관보, 조약과장, 경제협력과장이 참석했다. 회의에서는 한·프랑스 간의 원자력 협력사업 추진 과정에서 한미 원자력협정을 해석하는 문제가 주된 의제였다. 회의에서 핵연료 구입의 다양화, 향후의 재처리 가능성을 검토한 결과, 미국의 반대에도 불구하고 한국이 재처리를 추진할 경우, 미국이 재처리를 거부하거나 미국이 지정한 시설에서만 재처리할 것을 요구할 수 있으며, 미국의 해석처럼 미국에서 구매한 핵연료를 한국이 일방적으로 재처리할 수 없다는 것이 확인되었다. 청와대 경제수석실 회의의 결론은 미국 측 해석을 수용할 수밖에 없다는 것이었다. 미국 측 해석에 이의를 제기할 근거가 빈약하며, 재처리 문제로 한미 원자력 협력에 큰 지장이 초래될 가능성이 크다는 것이었다. 더구나 국내에서 상업용 재처리를 하는 것은 경제성이 낮으며 미국 이외

---

49 Memorandum to the Assistant to the President for National Security Affairs from Robert S. Ingersoll regarding a U.S. approach, and Canadian and French attitudes, toward a proposed South Korean nuclear weapons reprocessing plant. Department Of State, 2 July 1975(.S. Declassified Documents Online, link.gale.com/apps/doc/CK2349116042).

의 다른 국가의 재처리를 이용할 가능성도 당분간은 낮다고 결론지었다. 경제수석실 회의 이후 부총리, 상공부 장관, 과기처 장관, 외무차관보 회의에서 미국 측 해석을 수용하기로 결정되었다.[50]

1975년 8월 주한 미국대사가 과기처 장관을 방문하여, NPT 가입 및 핵무기 개발 포기를 재차 요구했고, 1976년 1월 과학기술처에서 재처리 문제에 대한 본격적인 한미 협상이 시작됐다. 한국은 과기처 장관 외 5명이, 미국은 미 국무부 과학담당차관보 외 5명이 참석하여 한국이 프랑스로부터 도입하려는 재처리시설에 대한 비공식 토의가 개시됐다. 양측은 한국이 추진하고 있는 재처리 문제에 관하여 경제적, 기술적 측면에서 서로 대립되는 주장을 하였고, 한국의 「선 토의, 후 취소」 주장에 대해 미국은 반대 입장을 견지하여 양측은 해결점을 찾지 못하였다. 미국은 한국의 원자력의 평화적 이용을 적극 지원할 것이나, 재처리시설 도입사업을 중단해야만 원자력의 평화적 이용 사업에 원조할 것을 시사했다. 미국은 한국이 추진하고 있는 핵연료 가공 분야에 대해서는 동의를 표명했으나, 재처리에 대해서는 만약 필요하면 향후에 설립될 다국간 재처리시설에서 재처리 서비스를 제공받을 수 있으며, 한국이 이러한 시설에서 의미 있는 역할을 하는 점에 대해서도 동의한다고 밝혔다. 즉 미국은 IAEA가 추진하고 있는 다국간 재처리센터 혹은 극동지역센터에 대한 전반적인 조사에 협력할 것이며, 다국간 사업의 범위 내에서 미국 내에서의 관련 훈련 등을 제공할 수 있다고 시사했다. IAEA가 추진 중인 다국간 재처리시설에 대해 한국이 의미 있는 역할을 해야 한다는 미국의 주장은 국내의 재처리시설 건설 반대의 입장 표명이었다.[51]

---

50 외교문서 21: 한·미국 원자력 협력(1976).
51 외교문서 21: 한·미국 원자력 협력(1976).

1976년 1월의 한미 협상까지 평행선을 달리던 재처리시설 문제는 한미 회담 직후 한국이 핵 포기를 결정하면서 해결점을 찾았다. 1976년 2월, 주한 미국대사가 과기처 장관을 방문하여,[52] 핵연료 재처리 시험시설 도입 중지에 대한 한국의 결정에 감사를 표시하며, 미국은 난관에 봉착 중인 고리 2호기 건설 사업이 적극적으로 추진될 것이라고 밝혔다. 한편 한국 측은 재처리시설 도입 중지의 대통령 결단은 한미 양국의 우호 관계에 입각한 것으로, 한국의 원자력 프로그램에 대한 미국의 협력 및 미국이 시행 중인 AID 원조[53]의 지속적인 지원을 요청했다. 미국 측은 추후 개최될 한미 상설공동위원회에서 구체적인 문제 해결책을 공동으로 찾아보자고 화답했다. 한국의 원자력 프로그램 전체를 중지시킬 수도 있었던 재처리시설 도입 문제는 한국이 극적으로 양보하여 해결되었다. 1976년 정부는 재처리시설을 도입할 재원도 계획도 없다고 물러났다.

재처리 협상은 전적으로 과기처가 담당했다. 미 국무부 관계자 혹은 주한 미국대사를 과기처로 불러 과기처 장관이 직접 협상했으며, 청와대와 직접 소통하면서 재처리 문제를 처리했다. 박정희 대통령의 핵 개발 의지를 과기처가 전담하여 이를 실현하려 하였으며, 따라서 당시의 과기처는 한미 재처리 협상에서 상당한 권한을 행사하였다고 평가할 수 있다.[54] 1970년대 중반의 미국과의 재처리 협상에서 외무부는 협상 당사자가 아니었으며, 협상 결과는 과기처가 외무부에 통보했다. 원자력청 설치 이후 과기처의 원자력 관련 협상의 주도권이 가장 강했던

---

52 한국은 과기처 원자력국장이 배석했고, 미국은 대사관의 참사관이 배석.

53 개발도상국의 경제개발을 위해 미국이 제공하는 장기융자의 하나로, 미국 대외원조법(FAA) 중의 경제원조 분야인 국제개발법(Act for International Development; AID)에 근거.

54 1971년부터 1978년까지 과기처 장관을 역임한 최형섭 장관은 원자력연구소 소장, 한국과학기술연구소(KIST) 소장 등을 역임한 과학자로서 박정희 대통령의 과학입국 의지를 실현하려 하였으며, 대덕연구단지 건설을 추진하였음.

때가 미국과의 재처리 협상 시기라고 할 수 있다.

다. 캐나다, 프랑스, 인도, 벨기에 등과의 원자력 협상

1970년대 중반, 한국 정부는 캐나다, 프랑스 등 미국 이외의 국가와의 원자력 협력을 추진했다. 캐나다와는 연구용 중수로(NRX) 및 중수형 원자로(CANDU)를 도입하기 위한 협상을 하였으며, 프랑스와는 재처리시설의 건설을 위한 협정을 체결했다. 핵실험 전의 인도와도 협정 체결을 시도했으며, 벨기에와는 신형원자로용 핵연료 (재처리) 가공시설 사업을 협의했다. 70년대 중반에 체결되거나 시도된 원자력 협력은 대부분 박정희 대통령이 추진했던 핵 개발과 적으나마 연관성을 가지고 있는 것으로 보인다.

1970년대 한국 정부가 미국 이외에 가장 먼저 협상한 국가는 캐나다였다. 1973년 4월 캐나다 원자력공사(AECL) 사장이 방한하여, 월성 1호기를 중수형 원자로(CANDU)[55]로 할 경우 3만KW급 연구용 원자로(NRX)를 제공하겠다고 제의했다. CANDU로는 미국이 개발한 경수로와는 달리 천연우라늄을 연료로 사용하며, 캐나다가 천연우라늄 및 중수를 제공하겠다는 제안이었다. 중수형 원자로를 도입하면 천연우라늄을 원자력발전의 연료로 사용할 수 있어, 미국으로부터 농축우라늄을 구매하지 않아도 된다. 또한 캐나다가 제공하는 연구용 원자로는 동력로와 달리 원자로의 속도를 임의로 조절할 수 있어, 순도 높은 플루토늄을 얻을 수 있는 특징이 있었다. 핵 개발을 계획 중인 한국에게 캐나다의 제안은 거절하기 힘든 제안이었다. 1974년 초 캐나다가 자체 개발한 중수로와 연구로를 도입하기 위한 협상이 시작되어, 1974년 12월 한전과 캐나다 원자력공사는 CANDU

---

55 캐나다가 개발한 원자로. 천연우라늄을 연료로, 중수를 감속재 및 냉각제로 사용. 월성 1-4호기가 캔두형 원자로임.

원자로 공급 계약 및 기술도입 계약에 가서명했다. 60만KW급 CANDU로를 2기 도입하여, 원자력 3, 4호기로 사용하는 것이 결정되었다.

이 시기 한국은 캐나다뿐만 아니라 프랑스와도 접촉하고 있었고, 한국이 프랑스로부터 재처리시설을 도입하는 것에 반대하는 미국에 캐나다가 동조하여 계약이 결렬될 위기를 맞았다. 인도가 캐나다로부터 도입한 원자로(NRX)에서 플루토늄을 추출하여 핵실험에 성공하였기 때문이다. 핵실험에 캐나다가 공급한 NRX형 실험로인 CIRUS 원자로에서 나온 사용후핵연료에서 추출된 플루토늄이 사용되었다. 세계를 놀라게 한 인도 핵실험의 여파는 곧장 캐나다와 중수로 협상 중이던 한국에도 미쳤다. 미국은 인도에 대한 핵 지원을 중단하는 한편, 캐나다가 한국 원자력연구소에 제공하겠다던 실험용 원자로인 NRX를 제공하지 않도록 캐나다 정부에 압력을 행사했다.[56] 캐나다와의 계약체결은 미뤄졌으나 한국이 프랑스의 재처리시설 도입을 취소한 후, 1976년 1월 CANDU로 도입 계약은 체결되었다. 그러나 미국의 압력으로 연구용 원자로(NRX)는 도입되지 않았다. 1983년 4월 CANDU로인 월성 원자로 1호기가 준공되었다.

캐나다와의 협상은 한국 원자력연구소가 캐나다 원자력공사, 주한 캐나다대사관 등과 협상하면서 협상을 주도했으며, 가서명 이후는 주캐나다 한국대사관이 캐나다와 접촉하면서 협상하였다. 다른 국가와의 원자력 협상보다 주한 캐나다대사관과 주캐나다 한국대사관의 역할이 많았던 협상이었다.

프랑스의 지원으로 재처리시설을 건설하려던 박정희 정부의 과기처는 프랑스와 적극적으로 협상하였고, 1974년 10월 프랑스와 협정을 체결하였다(과기처와 프랑스 원자력위원회 간의 각서 교환 형태). 1972년 5월 과학기술처 장관의 프랑스 방문

---

56 외교문서 17: 캐나다 원자로(CANDU 2기 및 NRX) 도입을 위한 재정차관 협상(1973-1974).

시, 프랑스 원자력위원회와 핵연료 분야를 포함한 원자력의 이용 전반에 걸친 협력을 도모하고 원자력협정을 체결하기로 합의하였다. 과기처 장관의 방문 이후, 1972년 10월부터 한국 원자력연구소와 프랑스 원자력위원회의 실무접촉이 개시되어 핵연료 가공 및 재처리에 대한 기술협력이 논의되어, 1974년 10월 「대한민국 정부와 프랑스 정부 간의 원자력의 평화적 이용에 관한 협력협정」이 성립하였다(1974년 10월 프랑스 파리에서 각서 교환과 동시에 발효).[57]

프랑스와의 협정 체결 이후, 1975년 1월에는 핵연료 성형가공 연구시설 공급 계약, 1975년 4월에는 재처리 연구시설 공급 및 기술용역 시설 도입 계약이 체결되었다. 두 계약 모두 과학기술처와 프랑스 원자력위원회 간의 각서 교환 형식으로 이뤄졌으며, 프랑스 측이 제안한 내용으로 협정이 체결되었다.

프랑스와의 협정 체결 역시 캐나다와의 협정과 마찬가지로 과기처가 협상을 주도했다. 프랑스와의 협정은 원자력의 평화적 이용에 관한 광범위한 협력을 전제하고 있지만, 핵연료봉의 가공과 재처리가 중심적인 협력 의제였다. 따라서 외무부보다 원자력에 전문적인 지식을 가진 과기처가 협상을 주도하였고, 각서 교환 이전에 기관 간 각서 교환에 대한 외무부의 의견을 요구했다. 외무부는 부서 간 협정이 아니라 정부 간 조약체결 방식으로 외교 통로를 통한 제의가 바람직하다고 회신하였다. 그러나 과기처는 프랑스가 NPT 서명, 비준을 하지 않고 있으며, IAEA의 안전조치 규제도 받지 않는 상황에서 정부 간 협정 체결은 어려움이 있으며, 기관 간의 각서 교환은 IAEA의 안전조치 규제를 받지 않는 장점이 있다고 주장하였다. 과기처의 주장에 대해 외무부는 비 정부간 협정을 조사한 후, 정

---

57   외교문서 16: 한·프랑스 간의 원자력의 평화적 이용에 관한 협력협정(1973-1974).

부간 협정을 체결할 경우 유럽원자력공동체(EURATOM)[58]의 심의를 거쳐야 하기 때문에 상당한 시간이 걸릴 것이므로 기관 간의 협정 체결에 동의했다. 외무부는 일반적으로 기관 간 협정을 체결하더라도 협정의 효력은 정부 간 협정과 동일하다고 해석하였다. 각서 교환 전에 외무부는 법제처, 경제기획원, 상공부 등 관련 기관의 의견을 청취하였고, 법제처는 기관 간 협정이므로 국회의 동의는 필요없다고 회신하였으며, 상공부와 경제기획원은 별도의 의견 제시가 없었다.

프랑스와의 협정은 한미 협정, 한·캐나다 협정과 비슷한 시기에 체결되어, 원자력에 관한 기술협력의 다변화가 기대되었다. 박정희 대통령과 과기처는 은밀히 프랑스와의 계약을 체결했고, 프랑스와의 계약을 토대로 벨기에 등 다른 국가와의 재처리 관련 계약을 추진하였다. 그러나 재처리시설 건설에 관한 미국의 강력한 반대로 1976년 1월 프랑스와의 계약은 공식 파기되었다.

한편, 핵실험 이전에 한국은 인도와의 원자력협정 체결을 시도하였다. 과학기술처 산하 연구기관인 한국 원자력연구소 소장의 인도 방문시 인도 원자력위원회와 원자력 협력을 논의한 후, 과기처는 외무부에 협정 체결을 요청하였다. 외무부는 원자력 협력관계인 미국과 캐나다와의 관계를 고려하여 협정 체결에 신중한 입장이었다. 캐나다가 인도에 대해 강경 입장을 고수하였고, 1974년 5월 인도의 핵실험으로 협정 체결은 폐기되었다. 한편 정부는 벨기에와 신형원자로용 핵연료 (재처리) 가공기술 도입 계약을 추진하였지만,[59] 프랑스와의 재처리 계약이 파기되면서 한·벨기에 협상도 1977년 중단되었다.

---

58 European Atomic Energy Community.
59 외교문서 19: 벨기에의 상업차관 도입(1975-1976).

라. 한미 원자력협정 개정 요구와 INFCE

카터 행정부는 원자력의 평화적 이용을 목적으로 한 핵물질과 시설, 기술, 정보 등의 대외유출을 철저히 규제하고 통제하는 미 국내법인 핵 비확산법(Nuclear Non-proliferation Act of 1978)을 공표하고, 미국의 모델 협정안을 관계국에게 제시했다. 기존에 미국이 체결하고 있는 원자력협정을 개정하여 더욱 엄격히 규제하겠다는 것이었다. 미국은 먼저 유럽원자력공동체(EURATOM)와 일본에게 먼저 원자력협정 개정을 요구했고, 한국에 대해서도 현행 협정(74년 개정)의 개정을 희망했다. 인도의 핵실험으로 인한 핵확산이 문제의 출발이었다. 미국의 협정 개정 요구에 대해 유라톰과 일본은 미국의 국내법 제정에 의한 조약(원자력협정) 개정 요구에 응할 수 없다고 주장하며 협정 개정에 응하지 않았다.

미국이 제시한 원자력협정 개정안의 내용은 (1) 원자력의 평화 목적 이용을 위해서 어떠한 핵폭발 장치의 제조, 이용은 물론 이를 위한 연구 및 개발의 배제 (2) 미국 이외의 제3국으로부터의 농축, 재처리 등에 관한 고도의 원자력 기술협력을 사실상 억제 (3) 상기 사항이 충족되면 원자력발전 및 평화 이용을 위한 농축과 우라늄 공급 등 기술협력을 원활히 한다는 내용이었다. 미국의 이러한 제안은 미국 이외의 다른 국가들과의 원자력 협력을 사실상 봉쇄하는 조치로서, 원자력 발전소를 가동하기 시작한 한국 등 원자력 이용국의 원자력시설 및 기술의 국산화는 난관에 봉착하게 되었다. 유라톰과 일본은 물론 브라질, 파키스탄, 이집트, 아르헨티나 등이 한국과 동일한 제안을 받았다. 한국으로서는 미국의 협정 개정을 받아들이지 않으면 협정이 정한 상한선 이상의 우라늄을 공급받을 수 없어 7, 8호기 연료 확보에 문제가 발생할 수 있는 상황이었다.

한편 이 시기에 「국제핵연료사이클평가(INFCE)」라는 원자력의 평화적 이용과 핵확산 방지의 양립이 가능한지를 논의하는 국제회의가 개최되었다. INFCE 는 카터 대통령의 제안으로 1977년 10월부터 워싱턴에서 40개국, 4개의 국제기 관[60]이 참가하여 시작되었다. INFCE 총회에서는 재처리, 플루토늄 취급, 핵연 료 리사이클, 고속증식로 등의 8개 작업부회가 설치되어 논의에 들어갔다. 1980 년 2월 INFCE 최종 총회에서 원자력의 평화적 이용과 핵 비확산의 양립을 축으 로 하는 공식 성명서가 채택되어 2년 4개월에 걸친 작업이 끝났다. 최종성명서에 서 INFCE의 검토 결과로 다음의 세 가지가 강조되었다. (1) 원자력은 에너지 수 요를 충족시키기 위해 역할이 많아질 것으로 예측되며, 이러한 목적을 위해서 이 용되어야 함 (2) 보장조치는 핵 비확산과 원자력의 평화적 이용의 양립을 위한 중요한 수단이며, 원자력의 평화적 이용과 핵 비확산의 조화를 도모하기 위해 새 로운 국제제도의 구축이나 핵 비확산에 유효한 기술적 수단(예를 들면, 핵확산의 위험이 적은 재처리 방법 등)을 확립 (3) 원자력의 평화적 이용에 관한 개발도상 국의 수요를 충족시키기 위해 효과적인 조치를 취하는 것이 가능하며, 또 취해야 한다는 것이었다. INFCE의 결론은 참가국을 구속하지 않지만, 핵확산 방지를 위 한 국제여론 조성에 공헌했다. 미국의 재처리 및 플루토늄 이용 연기 주장은 선 진 각국의 반발에 부딪혔고 일본이나 서독의 재처리, 농축계획이 인정되는 등 각 국의 자주적인 핵연료 사이클의 확립을 인정하는 방향으로 결론지어졌다.

INFCE 기간 중에 미국이 요구한 원자력협정 개정에 한국도 응하지 않았다. 일단 INFCE의 결론을 지켜본 후, 협정 개정 요구에 대응하자는 입장을 견지했 고, 미국으로부터 협정 개정 요청을 받은 대부분의 국가들이 같은 입장이었다. INFCE가 활동을 시작한 직후인 1978년 3월 미 의회는 앞서 기술한 핵 비확산법

---

60 국제원자력기구(IAEA), 국제에너지기관(IEA), 유럽공동체(EC), OECD 원자력기관(OECD/ NEA)의 4개 기관이 최초에 참여.

을 통과시켰다. 핵 비확산법 성립 이후에 미국은 한국에게도 (1) 완전한(Full Scope) 보장조치[61] (2) 미국이 공급하는 핵물질 및 시설에 대해 충분한 방호조치 (3) 핵물질 및 시설에 대해서 핵 폭발물에 운용하지 않는다는 정부 보증의 요구 (4) 핵물질 이전과 재처리에 대한 사전승인 권한(prior approval rights)의 보유 등을 요구했다. 정부는 INFCE의 검토 작업이 행해지고 있는 시점에서 그 결과를 예견하는 협정 개정에는 응할 수 없다는 명분으로 미국의 협정 개정 요구에 응하지 않았고, 결국 미국의 협정 개정 시도는 무산되었다.

3. 한미 원자력 협력 공동 상설위원회

원자력협정 체결 이후 양국은 다양한 관련 계약 등을 진행해 왔다. 1972년 한미는 핵연료 계약을 체결했다. 원자력연구소에서 가동 중인 연구용 원자로 TRIGA Mark-III의 예비 핵연료봉을 미국 회사(Gulf Energy & Environmental System, Inc.)와 계약했으며, 같은 해 6월에는 고리 1호기[62]의 핵연료인 우라늄 농축계약을 체결했다. 또한 미국으로부터 특수핵물질을 대여받기 위해서는 미 원자력위원회의 승인이 필요했다. 이러한 다양한 분야의 원자력 협력을 위해서 양국은 원자력 관련 상설위원회의 필요성에 공감하고 있었다. 특히 프랑스와의 계약으로 재처리시설을 도입하려던 건으로 한미 간의 다양한 채널의 협의가 이어졌다. 1975년 8월에는 주한 미국대사가 프랑스와의 협력으로 재처리시설을 도입하는 계획의 재고를 과기처 장관에게 제의했으며, 9월에는 주한 미국대사가 외무부 차관

---

61 완전한 보장조치란 미국과 원자력협정을 맺고 있는 모든 국가의 모든 원자력 활동을 보장조치 하에 둔다는 것이다.

62 원자로형은 웨스팅하우스(Westinghouse)의 가압수형 원자로. 사용 연료는 약 3%로 농축된 우라늄 235. 1971년 11월 15일 착공.

을 방문하여 협의하였다. 1976년 1월 과기처 장관이 방한한 미 국무부 차관보와 회담한 자리에서 양국 간의 원자력 협력 상설위원회 설치가 합의되었다. 한미 간의 다양한 원자력 협력 현안을 협의하고 이견을 조정하기 위해 공동 상설위원회가 설치된 것이다. 공동 상설위원회는 과기처를 중심으로 구성되어, 과기처가 미 국무부와 직접 협상하는 계기가 되었다.

제1차 한미 원자력 협력 공동 상설위원회는 1976년 6월 워싱턴에서 개최되었다. 과기처 장관이 방미단을 이끌었으며, 미 국무부의 해양, 국제환경 및 과학문제담당 차관보와 회담하였다. 과기처가 방미단을 구성하면서 외무부에 참가 대표를 추천해 달라고 요청은 하였지만, 의제 결정 등 공동 상설위원회에서의 협상은 과기처가 주도했다. 방미단을 구성하면서 수석대표로 주미 한국대사를 지명한다는 서한을 과기처가 외무부로 보내 협조를 요청했으나, 주미대사는 미 국무부 차관보와 격이 맞는 차관보급 본부 인사를 대표로 임명하는 것이 적절하다고 본부에 보고했다. 결국 과기처 장관이 수석대표로 방미단을 이끌었다. 제1차 상설위원회에서는 (1) 한미 원자력 협력 공동 상설위원회의 정식 발족 (2) 한미 과학기술협력협정 체결 (3) 한국 원자력연구소와 미 아르곤 원자력연구소 간의 자매결연 체결 (4) IAEA가 추진 중인 다국간 지역 재처리센터에 한국이 참여 (5) 핵연료 가공사업에 대한 한미 협력 강화 (6) 원자로 안전 분석 및 규제에 관한 협력 (7) 핵연료 농축계약 지원 등의 원자력 협력이 합의되었다. 앞서 지적한 것처럼, 상설위원회 위원은 과기처 인사가 중심이었으며, 외무부는 경제조사과장이 대표로 참가했으며, 회의 결과는 과기처 장관이 대통령에게 직접 보고하였다.[63]

제2차 한미 원자력 협력 공동 상설위원회는 1977년 7월에 개최되었다. 한국 측

---

63 외교문서 22: 한·미국 원자력 협력 공동 상설위원회(1976).

수석대표는 미국과 수석대표의 격을 맞추어 과학기술처 원자력 위원이 맡았고, 외무부 경제조사과장, 한국 원자력연구소장, 과기처 안전심사관, 원자로기술과장, 상공부 원자력발전과장 등이 대표로 참가하였다. 미국 측 수석대표는 미 국무부 부차관보가 맡았다. 제2차 회담에서는 10월부터 개최될 「국제핵연료 사이클 평가(INFCE)」에 대한 양측 입장을 설명하고, 한국의 원자력 기술에 관한 인력개발 및 기술협력 방안을 협의했다. INFCE와 관련해서는 미국 측은 우라늄 농축 및 핵 비확산에 대한 입장을, 한국 측은 핵연료개발 및 동력로 개발계획에 대한 입장을 설명했다. 제2차 상설위원회에서 한국에 대한 우라늄 공급 문제가 양국 실무자 간에 논의되어, 한국은 현행 협정의 우라늄 공급 상한선 개정을 요구했고, 미국은 호의적으로 고려하겠다고 화답했다. 또한 미국이 요구하는 제3국과의 원자력 협력을 금지하는 조항은 받을 수 없다는 한국의 주장에 대해, 미국은 협정을 개정하게 되면 한국 측 주장을 받아들여 모델 협정안의 관련 조항을 삭제하겠다는 입장을 표명했다. 한국이 재처리시설 도입을 포기한 후 개최된 2차례의 상설위원회에서 미국은 한국의 요구를 대부분 수용하는 협상 자세를 보였다.

제3차 상설위원회는 제2차 회담의 2년 후인 1979년 12월에 개최되었다. 양국의 수석대표는 제2차 회담 때와 마찬가지로 한국은 과기처 원자력 위원이 맡았고, 미국은 국무부 원자력담당부차관보가 맡았다. 대표단도 2차 회담과 큰 차이는 없었다. 한국 측에서는 과기처 원자력개발국장, 외무부 경제조사과장, 한국 원자력연구소장이 대표단으로 참가하고, 동력자원부 원자력발전과, 한국전력 관계자 등이 자문위원으로 참여했다. 미국 측에서는 에너지부 국제계획과장, 원자력위원회 국제계획과장 등이 참가했다. 제3차 회담에서 미국은 사용후핵연료 국제공동저장소 건립에 대한 의견교환을 희망하여, 원자력협정 개정 문제와 사용후

핵연료 저장에 관한 공동 연구 등이 주요 의제가 되었다.[64]

제3차 회담에 임하면서 외무부는 원자력 협력의 증진, 농축우라늄 공급의 상향 조정 등을 협정에 반영하고, 협정의 전면적 개정은 INFCE의 평가가 끝난 이후로 한다는 방침을 세웠다. 또한, 일본 등 원자력 선진국과 미국이 체결한 협정과 유사한 협정이 되도록 한다는 계획을 세웠다. 협정 개정에 대해 외무부가 협상 대비자료로 작성한 서류를 보면, (1) 공동위원회에서는 비공식적으로 의견을 교환, (2) 핵 비확산 문제 등에 대해서는 INFCE 등 국제적인 논의가 진행 중이니, 현 단계에서는 추이를 관망하며 신중히 검토, 대응, (3) 미국 측도 제안한 협정개정안 초안이 현행 협정과 특별한 차이가 없다고 주장하므로, 신협정 체결보다 현행 협정의 개정이 합리적임, (4) 미국 측에 현행 협정에서 꼭 개정해야 한다고 판단하는 조항의 이유를 확인할 것, (4) 한국은 NPT 체제를 철저히 준수하고 있으므로 순수 평화 목적의 핵기술 전수를 제한하면 안 되며, (5) 핵 산업을 일부 원자력 선진국이 영구적으로 독점하려는 조치는 받아들이기 곤란, (6) 제3국과의 협력에 저해되는 조항은 받아들일 수 없다는 내용 등이 기술되어 있다.[65]

1979년 7월에 열린 제3차 상설위원회 개최를 위한 실무자 회의에서 양국은 (1) 핵연료의 안정적 공급과 기술협력 증진, (2) INFCE 결론 이후 한미 원자력협정 개정 문제를 논의, (3) 미국이 구상 중인 사용후핵연료 임시 저장소의 경제적, 기술적인 타당성 조사, (4) 과기처 원자력안전국과 미 원자력규제위원회(NRC) 간의 협력, (5) 양국 태양열 연구소 간의 자매결연[66] 등이 논의되었다.

---

64 외교문서 22: 한·미국 원자력 협력 공동 상설위원회(1976).
65 외교문서 22: 한·미국 원자력 협력 공동 상설위원회(1976).
66 유가 급등에 따른 카터 행정부의 에너지 정책의 영향으로, 한미 간의 협의 의제에 태양열 연구소 관련 사항이 포함됨.

한편, 외무부는 핵 비확산 강화를 위해 미국이 요구한 한·미·IAEA 협정의 정지 의정서에 대해서는 반대한다는 입장을 확인했다. 한국은 한미 원자력협정에 의한 안전조치, NPT 조약으로 인한 IAEA에 의한 안전조치, 한·미·IAEA 안전조치 협정 등 3중의 안전조치 협정이 적용되고 있는 상황에 있으며, 따라서 기존 협정의 어느 곳에서도 규정하지 않은 새로운 권리, 의무를 신협정에서 설정하는 것은 부당하다는 것을 향후 한미 원자력협정 개정 시에 논의, 처리해야 할 주요 사항으로 정리했다.[67]

〈표 8〉 공동 상설위원회 정리

	일시(장소)	주요 내용
제1차	1976. 6(워싱톤)	공동 상설위원회 발족(과기처 장관 방미)
제2차	1977. 7(서울)	에너지 일반정책 및 핵에너지, 기타 기술의 정보 교환 관계 기관 간의 자매결연 국제 핵연료주기 평가계획(INFCE)에의 참가
제3차	1979. 12(서울)	핵연료의 안정적 공급과 기술협력 증진 INFCE 결론 이후 한미 원자력협정 개정 문제를 논의 사용후핵연료 임시 저장소의 타당성 조사 과기처 원자력안전국과 미 원자력규제위원회의 협력 사용 후핵연료 임시 저장소의 타당성 논의

1970년대 후반에 3차례 개최된 한미 공동 상설위원회는 원자력 협상에서 강화된 과학기술처의 위상을 보여주는 회의가 되었다. 원자력 행정체계가 완전히 정비되지 않은 1960년대까지의 대미 원자력 협상은 외무부가 주도해 왔지만, 과기처 원자력청 발족 이후는 과기처가 대미 원자력 협상을 주도했다. 특히 1970년대 중반 프랑스, 캐나다와의 협력으로 재처리시설을 도입하려고 했던 시기부터 과기처는 외무부보다 적극적인 협상 행위자로 부상했다. 과기처가 청와대와 함

---

67 외교문서 22: 한·미국 원자력 협력 공동 상설위원회(1976).

께 재처리시설 건설을 밀어붙인 것도 과기처의 위상이 강화되었기에 가능한 것이었다. 과기처 장관이 대통령을 독대하며 재처리시설 도입의 주무 부서로 자리 잡았다. 특히 1970년대 이후의 한미 원자력 협상은 매우 구체적인 세부 사항까지 논의해야 했고, 따라서 원자력 업무 전반에 전문성을 가진 과기처가 협상을 주도할 수밖에 없었다. 원자력 협상의 주도권이 외무부에서 과기처로 넘어가는 과도기가 1970년대였다.

4. 1970년대 원자력 협상전략

1970년대까지 한국은 미국으로부터 원자로 및 연료 물질, 관련 기술과 정보 등을 일방적으로 수입하는 상황이었다. 따라서 한미 원자력 협상의 주도권은 미국 측에 있었고, 한국은 미국의 제안을 수용하는 형태의 협상이 일반적이었다. 1950년대와 60년대의 한미 원자력 협상은 이른바 「갑」과 「을」의 협상이었다고 해도 과언이 아니다. 1956년의 최초의 협정이나 두 차례의 협정 개정은 주로 원자로 및 핵연료를 수입하기 위한 것이었고, 공급국과 수혜국의 관계가 일방적으로 규정된 협정이었다.

그러나 1970년대가 되면서 협상 구조에 변화가 발생했다. 과기청 원자력청의 설립과 프랑스와의 재처리 협력이 원인을 제공했다. 먼저 1967년 과학기술처에 원자력청이 설치되면서 미 원자력위원회 등과의 초기 협상에 과기처가 적극적으로 나서기 시작했다. 그동안 외무부와 주미 한국대사관에 의존하던 초기 협상을 과기처가 담당하게 되었다. 다음은 프랑스와 캐나다 등 미국 이외의 제3국과의 원자력 협력관계의 강화였다. 1973년경부터 과기처는 프랑스, 캐나다와 적극적으로 접촉했다. 캐나다와는 중수로를 도입하여 국내의 원자로를 다변화하려는 협상이 진행됐다. 중수로를 도입하고 원자료 연료인 천연우라늄을 캐나다로부터 수입하면 미국에 대한 의존도를 줄일 수 있었다. 프랑스와는 재처리시설을 도입하는 협상이 시작됐다. 이 두 국가와의 접촉은 핵무장을 염두에 둔 접촉이었지만, 결과적으로는 미국 이외의 국가와의 협력을 통해 미국에 대한 의존을 줄일 수 있는 가능성을 찾았다는 점에서 의미가 있었다. 1970년대 중반, 정부는 재처리시설 도입은 포기하였지만, 한미 공동 상설위원회 개최를 통한 대등한 위치에서의 협력이 가능한 토대를 만들었다고 할 수 있다.

1970년대의 한미 원자력 협상에는 여러 기관이 관여했지만, 협상은 외무부와 과기처가 주도했다. 원자력 주무 부서인 과기처는 원자력의 연구개발, 원자력 육성이란 점에서 적극적으로 미국과 협력하려는 협상 태도를 취했다. 반면 외무부는 원자력협정이 대등한 내용으로 체결될 수 있도록 협정문의 형태나 조문까지 세심히 살피는 작업을 마다하지 않았다. 과기처는 협상의 초기 단계에서, 외무부와 주미 한국대사관은 협상 체결의 최종 단계에서 중요한 역할을 했다고 평가할 수 있다.

1970년대 대미 원자력 협상의 가장 큰 특징은 과기처의 역할 확대였다. 최초의 원자력 행정기관으로 설립된 문교부 원자력과가 원자력원이 되었다가, 1967년 과기처 원자력청으로 소속과 명칭이 변했고, 1973년에는 원자력국으로 확대, 개편되었다. 1956년의 한미 원자력협정 체결부터 1960년대까지는 외무부가 대미 원자력 협상을 전반적으로 주도했다면, 1970년대는 외무부와 함께 과기처(원자력청, 원자력국)가 기초 협상을 담당하며 대미 원자력 협상의 주요 행위자로 부상했다. 협정 체결(혹은 개정)의 필요성 판단, 체결에 따른 미국 측의 의견 타진 등 실질적으로 미국과 협상하는 역할을 과기처가 하였다. 원자력청(혹은 원자력국)이 최종 문안 등을 조율, 실질적인 합의에 도달한 후 외무부(주미 대사관)가 협정 개정의 최종적인 작업을 담당하였으며, 양국 간에 합의된 협정(안)을 넘겨받은 외무부는 협정 체결 및 비준 절차를 담당하였다.

1967년 원자력청 발족 이후, 과기처와 미국의 원자력위원회가 원자력 협상의 세부 내용을 조율하였다. 한 예로 원자력청이 외무부에 협정 개정 요청 공문을 보낸 후에, 미국 측의 우라늄 수급 문제 검토로 협정 개정 프로세스가 지연되자, 외무부에 협정 개정을 촉구하고 진행 상황을 회신해 달라는 공문을 발송한 적도 있었다. 이는 추진 중인 상업용 원자력발전소 도입과 1972년 가동 예정인 연구용 원자로 TRIGA Mark-III에 대한 핵연료 공급을 원활히 하기 위함이었다. 1970년 대의 한미 원자력 협상에서 외무부는 과기부가 미국의 원자력위원회 등과 충분히 협의하여 합의된 것 인만큼 별다른 문제점은 없는 것으로 판단하여 협정의 격식, 문구의 표현 등을 최종적으로 검토하는 역할에 머물렀다.

하지만 대미 협상 자세에서는 과기처(원자력청, 원자력국)와 외무부는 큰 차이가 있었다. 과기처는 미국 측이 제시한 협정 초안이나 수정안을 대부분 이견(異見) 없이 수용하는 입장이었다. 물론 관련 행정부서나 원자력연구소 등과 긴밀히 소통하며 충분히 내용을 검토하였지만, 과기처는 원자력청이 운용하는 연구용 원자로나 고리에 건설되는 상업용 발전소의 가동에 지장이 없게 핵연료를 공급받는 것이 무엇보다 중요했다. 따라서 미국 측의 제안을 상당 부분 수용하는 협상 태도를 보여 왔다. 이러한 협상 자세는 한국만의 특징은 아니다. 일본 등 다른 국가에서도 원자력 연구개발을 담당하는 부서와 외교 당국은 자국의 원자력 프로그램의 자율성이나 평등한 협상, 협정을 지향하는 반면, 원자력발전소를 실제로 운용하는 당국은 원활한 원전 운용을 더 중시하기 때문이다. 1970년대의 과기부는 원자력 연구개발을 활성화하고, 상업용 원전을 계획대로 추진하기 위해 미국과 긴밀히 협력하는 것이 중요했다. 반면 외무부는 대등한 협상, 평등한 협정이 되도록 하는데 더 많은 가치를 두고 있었기 때문에, 과기처와 외무부가 서로 다른 협상전략을 선택한 것이다.[68]

다만 재처리시설 도입을 둘러싼 협상에서는 과기처가 강경한 자세를 유지했다. 대통령과 장관의 강력한 의사로 재처리시설 도입이 추진된 만큼, 정부의 공식 입장이 재처리시설 건설 포기로 전환되기 전까지는 국내 재처리시설 건설과 원자력 수입선의 다변화를 강력히 추진했다. 1970년대에 미국 이외의 국가들과의 원자력협정을 추진한 것도 과기처였으며, 이러한 정책결정에 과기처 장관이 긴밀히 관여했다. 마찬가지로 프랑스의 재처리시설 도입을 단념하는 단계에서도 과기처가 중심적 역할을 하였다.

과기처는 미국과의 협상 과정에서 원자력발전소를 운영하는 주체인 상공부, 한국전력주식회사(한전) 등과도 전력 수급 계획에 관련된 협의를 동시에 진행했다. 한미 협상 과정에서 상공부와 한전은 제1, 제2 원자력발전소 건설에 따른 핵연료 공급에 대한 미국의 사전 약속을 받을 수 있다면 미국 측 주장을 큰 틀에서 수용할 수 있다는 입장이었다. 원자력청 역시 우리 측 원안을 희망하나 합의가 어려울 경우, 미국 측 안을 받더라도 일정대로 상업용 원전건설을 추진하는 것을 선택하는 입장이었다. 예로 1972년에 체결된 신협정 협상 과정에서 과기처는 1975년 이후에 착공될 원자력발전소에서 사용할 연료의 공급보증을 받으려고 했지만, 미국은 착공이 협정 체결 3년 후인 원자력발전소에 공급할 핵연료의 공급을 현재의 협정에서 보증할 수 없다는 주장을 굽히지 않았다. 결국 협정문은 미국의 요구대로 작성하고, 한국의 요구는 양해각서로 첨부하는 형태로 절충하였다.[69]

68　전진호, 『일본의 대미 원자력외교: 미일 원자력 협상을 둘러싼 정치과정』 (도서출판 선인, 2019).

69　외교문서 11: 원자력의 민간이용에 관한 한·미 간의 협력을 위한 협정(1973).

외무부의 기본 입장은 과기처와는 상이했다. 협정안 등이 격식과 요건을 갖추고 있는지, 한국의 협상상의 이익이 반영되어 있는지, 한미의 이익이 균등하게 보장되고 있는지를 종합적으로 검토했다. 외무부는 과기처보다는 현장에서 한걸음 떨어진 위치에서, 협정의 비준이나 대통령 재가에 문제는 없는지, 다른 국가와 체결한 협정이나 국내법과 충돌하지 않는지 등을 면밀히 검토했다. 특히 협정문의 표현 등에 대해서는 세세한 의견을 제시했다. 예를 들면, 양국 정부 명의 위치 문제는 미국 측이 영어본 원본의 경우 미국이 한국보다 앞에 와야 한다는 주장에 대해, 외무부는 한국이 보관할 원본에는 한국어본, 영어본 모두 한국 정부의 표기가 앞쪽에 와야 하며, 미국이 보관할 원본에는 영어 및 한국어본 모두 미국 정부의 위치가 앞으로 나와야 한다는 내용을 주장하여 협정문 작성에 관철시켰다. 앞서 지적한 것처럼 1972년 협정부터 영어본과 한국어본 두 종류를 정본으로 작성한 것도 외무부의 지시에 의한 것이었다. 과기처가 원자력 연구와 원자력 산업의 관점에서 대미 원자력 협상에 임하였다면, 외무부는 국익과 균형이라는 관점을 가지고 협상에 임했다고 평가할 수 있다.

또한 외무부는 과기처와 주미 대사관의 연결 통로의 역할에도 충실하였다. 가서명을 위한 최종 협정문 검토 등은 주미 한국대사관의 책임이었으나, 대사관이 작성한 초안을 외무부 본부에서 검토하고, 과기처에도 재차 검토를 의뢰하였다. 미국과의 사전접촉 및 협정 문안 작성 등의 기초 협상은 과기처가, 최종 협상은 주미 대사관이, 최종 문안의 확정 및 비준 등은 외무부가 담당하는 역할 분담이 정착된 협상 구조였다고 할 수 있다.

IV. 1970년대 한미 원자력협정의 함의

1970년대의 한미 원자력협정은 1950, 60년대의 초창기 원자력협정에서 2015년에 체결된 현재의 원자력협정으로 연결되는 중간 단계 협정이라는 성격이 있다. 1950, 60년대 협정이 미국으로부터 일방적인 지원을 받는 협정이라고 한다면, 2015년에 체결된 현행 원자력협정은 세계 6위의 원자력 선진국으로서 한국의 권리가 상당히 확보된 협정이라고 할 수 있다. 물론 현행 협정이 미국과 동등한 입장에서 체결한 대등한 협정은 아니지만, 1970년대의 협정과 비교하면 우라늄 농축이나 사용후핵연료의 재처리, 핵연료의 재이전 등에서 상당한 권리를 확보한 협정이다. 따라서 1970년대의 협정과 2015년의 협정을 비교하여 1970년대 협정의 중간 단계로서의 성격을 이해할 수 있다. 이런 관점에서 1절에서는 2015년 협정과 1970년대의 협정을 비교하여 1970년대 협정이 2015년 협정으로 연결되는 연결고리를 파악한다.

한편 일본은 1970년대의 재처리 협상과 1980년대의 협정 개정 협상을 통해 2015년에 체결된 한미 원자력협정이 한국에게 허용하고 있는 권한보다도 더 많은 권한을 확보하였다. 물론 일본은 1970년대 중반에 이미 재처리시설을 건설하였고, 우라늄 농축 등 핵연료 가공기술도 한국보다 앞서 있는 것이 현실이다. 2015년 한국이 한미 원자력협정을 개정하면서 목표로 한 것이 1980년대 일본이 미국과 체결한 원자력협정 정도의 자율성을 확보하는 것이었다. 1974년의 협정 개정 이래 41년 동안 한국은 1980년대 일본이 획득한 장기적, 포괄적 사전 동의를 획득하려 하였다. 2015년 협정 개정으로 일본과 동등한 권한을 확보한 것은 아니지만, 1970년대의 협정과 비교하면 상당한 자율성을 확보했다. 한미 원자력

협정 개정과정에서 한국이 모델협정으로 상정했던 미일 원자력협정을 분석하여, 1970년대의 한미 원자력협정에서 한국이 확보하지 못한 권리는 무엇이었는지, 일본은 어떻게 1970년대와 1980년대에 이러한 권리를 확보하였는지를 2절에서 분석한다.

1. 2015년 체결 신 한미 원자력협정과의 비교

2015년 6월, 한미 양국은 「대한민국 정부와 미합중국 정부간 원자력의 평화적 이용에 관한 협력협정」에 서명했다. 사용후핵연료의 효율적 관리, 원전 연료의 안정적 공급, 원전 수출 증진을 3대 목표를 내걸고, 2010년 10월 원자력협정 개정 협상이 개시된 후 5년 가까이 협상하여 신협정 체결에 도달했다. 한미는 1972년에 체결되어 1974년에 개정된 원자력협정을 42년만에 신협정으로 대체했다. 신협정은 한미 원자력 협력의 틀과 원칙을 규정한 전문(前文)과 구체적 사항을 담은 21개 조의 본문으로 구성되었으며, 협정의 구체적 이행에 관한 합의의사록, 고위급회담에 관한 합의의사록 등이 첨부되어 있다.

기존 협정은 1972년에 체결되어, 1974년에 개정된 협정으로, 협정 개정 협상 중인 2014년 유효기간 만기를 맞아 2014년 3월 협정 개정 협상 중에 2년간 협정이 단순 연장되기도 하였다. 1972년 협정은 미국이 공급국으로서 체결한 전형적인 협정이다. 핵연료 농축에 관한 규정이 없으며, 재처리는 양국에 의한 공동결정이 필요하고, 사용후핵연료의 이전에는 미국이 규제권을 가지는 내용으로 되어있다. 1972년의 한미 협정은 1968년에 체결된 미일 원자력협정과 거의 동일한 구조로, 일본은 1988년 협정 개정을 통해 재처리 등 핵연료사이클 전반에 대해 광범위하고 포괄적인 사전 동의권을 부여받았다.

협정 개정 협상 과정에서 한국은 미일 협정과 동등한 내용을 담은 협정을 체결할 것을 요구했다. 특히 한국은 미국과 함께 개발 중인 건식 재처리기술인 파이로프로세싱을 국내에서 시행할 수 있는 권리를 인정받으려 하였다. 세계 6위의 원자력 선진국으로서 재처리, 농축 등의 권리를 핵 주권 차원에서 요구한 것이다. 협상 과정에서 한국이 요구한 사항은 대체로 일본이 1970년대와 80년대 미일 협상에서 획득한 권리이기도 하다. 한편 미국은 안전보장, 핵 비확산, 핵 안보 등의 관점에서 한국의 핵연료 사이클을 인정하지 않으려는 입장이었다. 특히 북한이 핵 무장한 시점에서 한국의 재처리, 우라늄 고농축에는 난색을 표명하고 있었다.

그러나 협정 개정으로 한국은 원전에 필요한 연료 생산을 위한 우라늄 농축과 사용후핵연료의 재활용[70](재처리) 권한을 부분적으로 확보했고, 미국산 핵물질 등을 제3국에 이전하는 것에도 포괄 동의를 적용하여 원전 수출에 긍정적인 역할을 할 것으로 보인다. 핵연료나 관련 시설 등을 제3국으로 이전할 수 없는 경우 원전 수출은 사실상 불가능하기 때문이다. 이런 점에서 2015년 개정 협정이 확보한 성과는 적지 않다고 평가할 수 있다. 하지만 일본이 농축과 재처리에 대해 거의 완전한 권리를 확보한 것과 비교하면, 한국이 획득한 농축, 재처리 권한은 미국의 동의(공동결정)가 있어야 가능하다는 한계도 동시에 갖고 있다.

2015년 신협정은 구 협정에 없었던 사용후핵연료의 중간저장, 재처리(파이로프로세싱), 영구처분, 해외 위탁재처리 등에 관한 협력방식의 규정을 명문화하였다. 먼저 사용후핵연료와 관련해서는 사용후핵연료의 조사후시험(照射後試驗)[71]과 전

---

70 일반 재처리(습식)와는 다르게, 한국이 개발 중인 건식 재처리(파이로프로세싱)는 핵 확산 저항성이 높다는 이유로 재처리가 아닌 '재활용'이라고 부르기도 한다.

71 조사후시험이란 사용후핵연료를 이용, 연구하기 위한 활동을 의미. 사용후핵연료에 중성자를

해환원(電解還元)[72] 등의 형상 및 내용 변경을 동반하는 전반부 공정을 국내 시설에서 가능하도록 하는 장기동의를 확보했다. 그러나 전해정련(電解精鍊)과 전해제련(電解製鍊) 등 우라늄과 플루토늄 등을 추출하는 후반부 공정에 대한 동의는 이번 협정에도 포함되지 않았다. 다만 미래시설에 대해서는 IAEA의 안전조치 등의 기준을 충족하면 해당 연구 활동에 대한 장기동의가 부여될 수 있는 근거를 마련했다. 파이로프로세싱은 향후 미국과의 협의를 통해 추진할 수 있도록 협정에 규정했으며, 한미 공동 연구(2011-2020)를 계속 진행하여 기술적 타당성, 경제성, 핵 비확산성 등을 양국간 고위급위원회에서 논의하여 결정하기로 했다.

〈표 9〉 1972년 협정과 2015년 협정의 비교

구 분	추진 분야	1972년 협정	2015년 협정
사용후핵연료 관리	조사후시험 전해환원	공동결정	현존시설 전면허용
	장래의 파이로프로세싱	공동결정	구체적 절차와 기준 마련
	위탁재처리	없음	영국, 프랑스에 위탁재처리 가능
	기술협력	정보 교환에 국한	저장, 수송, 처분, 기술협력 확보
원전 연료 공급	저농축	없음	고위급위원회 협의를 통해 20% 미만 가능
원전 수출	재이전 사전 동의	미국 동의 필요	미국과 협정 체결 국가는 대부분 가능
	수출입 인허가	없음	신속화 규정
기타	고위급위원회	없음	신설(4개 실무그룹)
	의료용 동위원소 생산	없음	전면 허용
	협정 유효기간	41년	20년

조사하는 시험으로 핵분열 현상이 발생.

[72] 전해환원이란 산화물 형태의 사용후핵연료에 전기를 통해 산소를 떼어내고 고열을 내는 세슘 등을 제거하여 금속으로 만드는 공정으로, 한국이 개발 중인 파이로프로세싱의 첫 단계 과정.

해외 위탁재처리에 대해서는, 사용후핵연료를 한미 양국이 합의하는 제3국에 보내 재처리할 수 있도록 하여, 영국, 프랑스에의 이전에는 사전 동의를 부여했으며, 기타 국가에의 이전을 위해서는 양국의 공동결정이 필요하게 규정되었다. 다만 재처리된 플루토늄을 한국으로 가져오기 위해서는 미국의 동의가 필요하며, 운송을 위한 형상 변경 및 핵물질 방호조치에도 양국의 합의가 필요하게 규정되었다. 원전 연료 공급을 위한 우라늄 농축에 대해서는 미국과의 협의를 통해 미국산 우라늄의 저농축(20% 미만 농축)은 가능하게 되었다. 협정문에 재처리, 농축을 허용하는 조항은 없으나, 장래의 가능성을 배제하지는 않았다. 즉 미국이 협정문에 재처리, 농축 포기를 명기하는 골드 스탠더드 조항[73]을 요구하지 않았다. 미국은 2015년 한미 협정이 개정되기 전까지의 한미 원자력협정을 비롯해 아랍에미리트(UAE)와의 협정(2008년), 대만과의 원자력협정(2013년)에 골드 스탠더드 조항을 명기했다. 이 조항은 후발 원자력 이용국에 대한 불평등 조항이라 불리며 논란이 되었는데, 2015년에 개정된 한미 원자력협정 개정에는 이 조항이 포함되지 않고, 포괄적 장기동의 형태로 바뀐 것이다.

한국 측이 주요 의제로 상정했던 원전 수출에 대해서는, 한미 양국과 원자력협정을 체결한 제3국에 대해서는 미국산 핵물질, 원자력 장비, 부품을 재이전할 수 있도록 포괄적 장기동의를 확보했으며, 미국산 핵물질을 사용한 의료용 방사성 동위원소의 생산 및 수출에 대해서도 장기동의를 확보했다. 또한 1970년대에 개최되었던 상설 공동위원회를 차관급 고위급위원회로 바꾸어 상설화했다. 즉 한미 간의 현안을 논의하기 위한 차관급 상설협의체(고위급위원회)를 제도화하여,

---

[73] 핵연료의 농축과 재처리를 금지하는 원칙으로, 핵연료(우라늄) 농축과 사용후핵연료를 재처리할 경우 미국의 사전 동의를 얻어야 하는 조항을 말함. 미국은 자국과 원자력협정을 체결하고 있는 국가에게 핵연료 농축, 재처리 권한을 주어선 안 된다는 이른바 골드 스탠더드를 적용해 왔다.

사용후핵연료의 관리, 핵연료 공급, 원전 수출, 핵 안보 등 4개 실무그룹을 운영하기로 한 것이다. 고위급위원회에서 향후 파이로프로세싱이나 저농축 추진에 관한 사항을 논의할 수 있게 되었다.

또한 한국의 연구개발의 자율성을 확보하는 표현이 명시되었다. 협정 전문(前文)에 원자력의 평화적 이용 권리와 한미 간의 원자력 협력의 확대에서 주권의 침해가 없어야 한다는 등의 내용을 명기했다. 마지막으로 협정의 유효기간은 20년으로 하고, 1회에 한해 5년 연장이 가능하도록 규정하였다. 또한 일방 당사국이 1년 전에 사전 통보하면 협정이 종료되도록 규정하였다. 미국은 최근 유효기간을 한정하는 경향이 있으며, 한국도 파이로프로세싱이 인정되지 않은 협정의 유효기간을 단기로 할 것을 희망하였다. 2015년 신협정의 주요 내용을 정리하면 다음 표와 같다.

〈표 10〉 2015년 신협정의 주요 내용

사용 후 핵연료 관리	• 현존시설 내 조사후시험·전해환원의 장기동의 확보 • 한미 공동연구(2011-2020)를 바탕으로 파이로 활동의 추진경로(고위급위원회) 마련 • 해외 위탁재처리 허용
우라늄 농축	• 저농축(20% 미만) 관련, 일정한 절차와 기준에 따른 추진경로(고위급위원회) 마련
원전 수출 관련	• 핵물질, 원자력 장비, 부품의 제3국 재이전 장기동의 확보
상설 고위급위원회	• 미국이 체결한 원자력협정 중 최초로 신설 • 고위급위원회 산하에 사용후핵연료 관리, 원전 연료의 안정적 공급, 원전 수출 증진, 핵 안보 등 4개 실무그룹 설치 • 농축·파이로 추진 등을 포함한 한미간 원자력 협력 강화
주권 존중 및 상호 권한 행사	• NPT 당사국으로서의 불가양의 권리 확인 • 원자력 협력 확대에 있어 주권의 침해가 없어야 함을 명시 • 일방적 통제체제를 상호적 권한 행사가 가능한 체제로 전환
유효기간	• 유효기간 20년으로 단축 및 1년 전 사전 통보로 협정 종료 가능 규정

2. 1970, 80년대 미일 원자력협정과의 비교

가. 미일 원자력협정의 개요

현행 미일 원자력협정[74]은 1988년에 개정된 협정이다. 개정 이전의 구 협정은 1968년에 체결되어 2003년까지 유효한 협정이었다.[75] 그러나 미일 양국은 일본의 국내 재처리시설의 가동 및 재처리로부터 발생하는 플루토늄의 국제수송 등을 원활히 하기 위해, 또한 1978년에 성립한 미국의 「핵 비확산법(NNPA)」의 요구에 근거한 미국의 요청으로 1988년에 새로운 협정을 탄생시켰다.

새로운 협정의 탄생으로 일본은 미국이 요구한 새로운 규제를 다수 받아들였지만, 재처리 및 플루토늄의 사용 등에 관련한 미국의 동의를 장기간에 걸쳐 일괄적으로 획득하는 소위 「장기적 포괄 동의제」의 도입에 성공하였다. 일본으로서는 원자력 프로그램의 장기적인 그리고 안정적인 발전에 필수적인 미국의 동의를 협정 유효기간인 30년에 걸쳐 획득하는 결과를 얻었으며, 원자력 협상의 성공으로 미일 원자력 협력관계가 장기적으로 안정되게 되었다. 미국 역시 카터 행정부의 엄격한 원자력 규제정책 이래 불편했던 일본과의 원자력 협력관계를 회복하여 일본을 미국의 원자력 파트너로서 유지하고, 동시에 일본의 원자력 프로그램에 대한 미국의 통제권을 확보하는데 성공했다. 결과적으로 양자가 실보다는 득이 많은 협정 개정으로 평가할 수 있다.

신협정의 핵심은 일본의 플루토늄 이용에 관한 권한이 대폭 확대되어 일본의

---

[74] 정식 명칭은 「원자력의 평화적 이용에 관한 협력을 위한 일본국 정부와 미합중국 정부 간의 협정」. 1987년 11월에 조인되어 1988년 8월에 발효. 유효기간은 30년으로 현재는 유효기간이 지나 자동연장 중.

[75] 구 협정은 1968년 2월에 조인되었지만(동년 7월 발효, 유효기간은 30년), 1973년의 협정 개정으로 협정은 2003년까지 유효하게 되었다.

자유스런 플루토늄 이용, 개발이 가능하게 되었다는 점이다. 구 협정에서는 플루토늄의 이용, 개발은 핵 비확산 원칙에 따라 강력한 미국의 규제를 받고 있었지만, 신협정에 의해 일정한 조건 하에서 일본은 미국의 간섭을 최소화하면서 자국의 프로그램에 의거한 플루토늄의 이용, 개발이 가능하게 되었다. 이러한 이유로 신협정은 플루토늄 협정이라고도 불리고 있다. 미국이 강력한 원자력 규제 정책을 실시하던 1970년대 말에 시작된 미일 협상에서 일본이 자국에 유리한 협정 체결에 성공한 것은 어떤 이유인가 하는 점의 분석은 협정 개정 이전의 미일 협정과 비슷한 성격의 원자력협정을 맺고 있는 우리에게 귀중한 자료로 활용될 수 있을 것이다.

나. 재처리 협상

1970년대 일본은 영국과 프랑스에 위탁 처리해 오던 사용후핵연료를 국내에서 처리하기 위해 이바라키현(茨城縣) 도카이무라(東海村)에 재처리시설을 건설 중이었다. 그러나 이 시설에서 재처리하게 될 사용후핵연료는 미국에서 농축하여 수입한 우라늄 연료로서, 재처리를 위해서는 미국의 사전 동의를 얻도록 구 협정에서 규제하고 있었다. 재처리를 위해 일본은 미국에 협상을 요청하였고 1977년에 동 시설의 가동을 위한 협상이 이루어졌다.

미일 협상은 1977년 4월부터 8월에 걸쳐 행해진 3차례의 협상과 2차 협상 후에 이루어진 재처리시설에 대한 현장 조사로 이루어졌다. 재처리 협상에 임한 양국의 입장 차이는 매우 컸다. 미국은 세계적인 핵확산을 방지 또는 예방하기 위해 재처리를 엄격히 규제하겠다는 원칙하에서 협상을 진행하였고, 일본은 이에 대항하여 재처리에 대한 미국의 동의를 반드시 획득한다는 원칙을 갖고 있었기 때문이다. 미국의 재처리 불가 방침을 어떻게 수정하느냐가 일본 측의 최대 과제였다.

　3차례의 협상 과정에서 다양한 협상의제에 대한 논의가 이루어졌지만, 미일 재처리 협상의 핵심은 재처리시설의 플루토늄 추출방식이었다. 도카이무라의 재처리시설은 플루토늄을 단체(單體)로 추출하는 방식으로 설계되었으며, 따라서 일본은 동 방식으로 재처리시설이 가동되기를 희망하였다. 그러나 미국은 플루토늄을 단체로 추출할 경우, 효과적인 핵물질 방호가 어렵다는 이유 등으로 플루토늄을 우라늄과 혼합한 상태로 추출하는 혼합추출을 요구하였다. 소위, 단체추출 대 혼합추출의 대립이 재처리 협상의 최대의 난점이었다. 미국은 재처리와 플루토늄 이용의 무기한 연기를 대통령 성명으로 발표한 직후였으므로, 일본 측에 대하여 이에 호응할 것을 요청한 것이다. 재처리의 동결은 카터 대통령의 핵 비확산 정책의 기본이었다.

　3차례의 협상과 재처리시설에 대한 현장 방문의 결과, 1977년 9월 미일은 최종합의에 도달하였다. 재처리시설은 설계대로 단체추출 방식으로 운전하되, 추출된 플루토늄은 우라늄과 혼합하여 보관할 것, 혼합추출 방식에 대한 실험, 연구를 계속하여 이가 실용화되는 시점에서 재처리 방식을 전환할 것, 플루토늄의 경수로에서의 이용을 2년간 연기할 것 등이 합의의 골격이었다. 미일 합의에 따라 일본은 조건부로 2년간 99톤까지 사용후핵연료를 재처리할 수 있게 되었다. 미일 쌍방이 양보한 형태로 합의가 이루어진 것이다.

<표 11> 재처리 협상의 주요 협상의제에 대한 미 · 일의 주장 및 합의 내용

협상의제	플루토늄 추출방식	플루토늄 보관방식	상업용 재처리 시설의 건설	플루토늄 전환 시설의 건설
미국의 요구 (협상 초기)	혼합추출방식으로 전환	-	무기한 연기	무기한 연기
일본의 주장 (협상 초기)	단체추출방식	-	계획대로 건설	계획대로 건설
미국의 요구 (제3회 협상)	혼합추출방식의 연구 및 개발	우라늄과 혼합하여 보관	무기한 연기	무기한 연기
일본의 주장 (제3회 협상)	• 단체추출방식 • 혼합추출방식의 연구·개발	플루토늄을 단체로 보관	2년간은 건설을 위한 중요한 조치를 하지 않음	건설을 2년간 연기
합의 내용	• 단체추출방식 • 혼합추출방식의 연구·개발	혼합보관	2년간은 건설을 위한 중요한 조치를 하지 않음	건설을 2년간 연기

난항하던 협상이 합의에 도달할 수 있었던 것은 혼합보관 방식의 도입이었다. 미일은 혼합보관 방식의 도입과 혼합추출 방식에 대한 계속적인 연구라는 절충점에서 합의에 도달했다. 일본은 미국이 주장하는 핵확산 방지는 혼합보관방식을 통하여 실현될 수 있다고 주장하였고, 미국으로서도 이미 완공된 재처리시설의 설계변경을 요구하는 것은 일본 측이 수용하지 않을 것이라는 현실적 판단을 한 것이다.

다. 협정 개정 협상

재처리 협상은 일단락되었지만, 일본의 사용후핵연료의 재처리는 여전히 미국의 사전 동의가 필요했기 때문에, 일본은 미국의 사전 동의를 장기간에 걸쳐 획득하는 방안을 모색하고 있었다. 이미 언급한 바와 같이 미 행정부 역시 1978년에 발효된 핵확산 금지법(NNPA)에 의해 일본과의 협정을 개정해야 하는 부담을 안고 있었다.

5년에 걸친 협정 개정 협상 과정에서는 다양한 협상의제가 제기되었고, 또한 협상기간 중에 의제가 변화하기도 하였다. 미국은 최초 신규제의 도입을 위한 협정 개정을 협상의 최대 목표로 삼고 있었다. 신규제의 도입이 주된 목표였으며, 협정 개정은 이를 위한 수단이었다. 그러나 일본의 협정 개정 반대에 따라 협상은 난항하였고, 미국 측은 미일 협상을 합의로 이끌기 위해 최초 협상 목표로 삼았던 신규제의 도입을 일본 측의 요청에 따라 그 대부분을 포괄 동의화하는데 동의했다. 신규제가 포괄 동의화 되는 것은 미국의 인, 허가 및 통제권을 일괄하여 장기에 걸쳐 일본에 부여한다는 의미이며, 실제적으로 일본이 미국의 통제로부터 자유롭게 되는 효과가 있다. 다시 말해, 신규제가 도입되었지만, 일본의 원자력 개발이용에 장애가 되지 않도록 조정된 것이라 할 수 있다. 결과적으로 미국은 협정 개정에, 일본은 포괄 동의의 획득에 성공하였다. 미국은 형식적으로 협정 개정에 성공하였고, 일본은 실질적인 규제 완화를 얻었다.

　　협상의 결과, 외형적으로는 미국의 신규제를 일본이 신협정에서 수용한 듯이 보이나, 새로운 규제의 대부분이 포괄 동의화 되어 일본 측에 불리한 협정 개정이라고는 말할 수 없다. 신협정은 포괄 동의의 도입, 미일 대등 규정[76] 등의 일본 측의 요구를 반영시킴과 동시에, NNPA에 기초한 신규제를 도입하여 협정을 개정함으로서 미국 측도 만족할 만한 결과를 얻었다.

---

[76]　예를 들면, 신협정은 구협정과는 다르게 일본 국적의 원자로 또는 기재에 의해 생성된 플루토늄에 대해서는 일본의 규제가 적용되도록 되었으며, 미국은 일본에 대해 그 현황을 보고할 의무를 지고 있다.

〈표 12〉 미일 원자력협정의 신·구 대조표

항 목	구 협정	신협정	포괄 동의의 대상
1. 핵폭발, 군사이용의 금지	○	○	
2. 제3국 이전의 사전 동의 (핵물질·기재·파생물질)	○	○	○
3. 재처리 등의 사전 동의 (3-1) 재처리의 사전 동의	△(미국에서 수령한 핵물질)	○(파생물질의 사전 동의 추가)	○
(3-2) 20%이상 우라늄 농축에 관한 사전 동의	×	○	
(3-3) 플루토늄·고농축 우라늄 등의 형상 및 내용 변경(전환·가공 등)의 사전 동의	△(조사제 연료의 내용 및 형상 변경)	○(플루토늄· 고농축우라늄의 형상 및 내용 변경 추가)	○
4. 플루토늄·고농축우라늄의 저장에 관한 사전 동의	(미·일 2국간 사찰의 대상)	○	○
5. 대일 협력의 전제로서의 핵물질에 대한 IAEA의 보장 조치	×	○	
6. 협정 유효기간을 넘는 협정의 제조건의 존속	×	○	
7. 반환청구권	○	○	
8. 핵물질 방호조치	×	○	

(○: 해당 항목의 전부를 규정 △: 해당 항목의 일부를 규정 X: 해당 항목의 규정 없음)

일본 측의 최대현안이었던 포괄 동의를 보면 가동 중의 시설에 대해서는 일괄하여 동의를 획득하게 되었다. 더욱이 장래에 가동될 시설(예를 들면, 민간이 운영할 제2 재처리시설)에 대해서도 그 시설에 대한 IAEA의 보장조치가 미일 간에 합의된 보장조치 개념에 합당하다고 양국 정부가 판단하면, 자동적으로 포괄 동의가 부여되는 형태가 되었다. 미국이 재처리, 수송, 핵연료의 가공, 플루토늄 이용 등의 원자력 프로그램 전체에 걸친 포괄 동의를 승인한 것은 아마 일본이 최초일 것이다. 신협정에 의해 일본에게 부과된 새로운 규제도 물론 있다. 예를 들면, 20% 이상의 우라늄 농축에 대한 사전 동의권, 플루토늄 및 고농축 우라늄의 형상 및 내용 변경에 대한 사전 동의권의 신설 등이다. 그러나, 전술한 바와 같이 새롭게 도입된 사전 동의는 그 대부분이 포괄 동의에 포함되어 일본이 일일이 미국의 동의를 얻을 필요는 없어져, 일본의 원자력 개발, 이용 프로그램은 일본 독자의 판단과 계획에 의해 실행될 수 있게 되었다.

라. 미일 협상과 신협정의 함의

미일 원자력 협상은 미일 간의 원자력 분야에서의 협력을 위한 협상이었지만, 넓게는 미일 관계 전반은 물론, NPT나 IAEA 등의 핵 비확산 레짐 등과도 밀접한 관련을 가진 협상이었다. 핵무기의 원료가 되는 플루토늄이나 고농축 우라늄의 이용을 포함하고 있는 원자력 분야의 협상은 양국의 정치, 군사 면의 이익과 관련되어 있으며, 원자력 무역을 통한 경제적 효과도 가지는 다의적인 성격의 협상이었다.

신협정에 의해 기대되는 최대의 효과는 미일 원자력 관계의 장기적 안정이라고 할 수 있다. 구 협정에서는 재처리를 위한 공동결정, 사용후핵연료의 국제수송 등에 관련한 사전 동의는 개별심사 방식이었으므로, 그 당시의 미국의 정책상의 주관적 판단(특히 미 의회의 간여)에 의해 일본의 원자력 프로그램이 원활히 운용될 수 없었다. 그러나 신협정의 성립과 포괄 동의 방식의 도입으로, 일본의 핵연료주기 계획이 장기적 판단 아래 안정적으로 운영되는 것이 가능하게 되었다. 일본으로서는 일본의 요구대로 포괄 동의를 획득하였고, 일방적인 협정에서 협정의 평등화, 쌍무화를 이루어 내었다. 미국의 입장에서도 미일이라고 하는 원자력 분야의 선진국들이 공동의 핵 비확산 정책에 입각한 협정을 체결한 것에 의해 세계적인 핵 비확산에 기여하며, NNPA가 요구하는 규제권이 신협정에 반영되어 일본의 원자력 프로그램에 대한 미국의 통제권이 향후에도 유지된다고 하는 점에서 큰 의미가 있다고 할 것이다.

협정 개정에 의해 미국의 사전 동의가 포괄화되어 동의를 얻기 위한 절차는 간소화되었지만, 신협정에는 몇 가지 문제점이 남아 있다. 협정의 일방적 정지권에 관한 문제가 그 중의 하나이다. 미국이 행사할 협정의 일방적 정지권에 대해서, 미일이 상이한 해석을 할 가능성이 있는 규정으로 되어 있기 때문이다. 예를 들면, 협정의 제 11조에는 포괄 동의에 관한 별도의 행정조치를 「핵확산 방지의 목적 및 각각의 국가안전보장의 이익에 합치하도록」 체결할 것을 정하고, 그 행정조치에는 「포괄 동의를 정지하는 결정은 핵 비확산 또는 국가안전보장의 견지에서 행함」이라고 되어있다. 미국 측은 이 규정을 「미국이 일방적으로 국가안전보장에 대한 위협이라고 판단하면, 미국이 포괄 동의를 정지하도록 하는 것이 가능하도록 한 규정」이라고 해석하고 있다. 한편, 해석에 의해서는 「일본이 신협정 또는 IAEA나 NPT 등의 조약에 대해서 현저한 위반을 하지 않는 한, 미국이 일방적으로 협정을 정지할 수는 없다」고 이해할 수도 있는 애매한 조항으로 되어있다(일본 측의 주된 해석). 따라서 이 규정은 미국의 안전보장의 이익이 무엇인가의 문제를 포함해, 장래 미일 간의 분쟁의 원인도 될 수 있는 문제라고 할 수 있다.

V. 결론

1978년 4월 한국은 상업용 원자력발전을 시작했다. 미국으로부터 연구용 원자로를 도입하고 핵연료를 임대하여 발전을 시작한 지 22년 만이었다. 상업용 발전을 시작하기 직전인 1970년대 중반에는 프랑스의 협력으로 재처리시설을 도입하려 했고, 이 문제로 미국과 심각한 갈등도 겪었다. 1970년대의 한미 원자력 협력관계는 공급국과 수혜국이라는 1950, 60년대의 관계에서 벗어나, 조금씩 대등한 관계를 지향하고 있었다.

그러나 1970년대에 체결된 한미 원자력협정을 보는 한미 간의 시각차는 분명했다. 한국은 원자력 진흥 및 수출, 에너지자립과 안보, 국가의 고유한 권한 등의 관점에서 원자력협정을 보고 있었지만, 미국은 원자력의 이용과 협력보다 핵 비확산에 우선적 가치를 부여하고 있었다. 1970년대에 미 국무부, 국방부, 에너지부 등이 재처리 및 농축에 민감히 대응한 것도 이러한 이유에서였다. 1970년대 중반 한국의 재처리시설 도입 문제로 한미가 극한 대립 상황을 맞은 것도 이러한 시각차에 기인하고 있다.

또한, 한미 원자력협정은 양국 관계는 물론 국제정치 환경의 영향도 크게 받았다. 1974년 인도의 핵실험 이후 미국이 재처리와 농축을 엄격히 규제하기 시작한 것이나, 2015년의 협정에서도 미국이 한국의 농축과 재처리를 상당한 정도 제한하고 있는 것은 양국 관계뿐만이 아니라, 북한 핵 문제나 농축 및 재처리의 확산, 동아시아의 핵무장 도미노 우려 등과 밀접히 관련되어 있기 때문이다. 따라서 국내적 논리, 관점만으로 한미 원자력협정을 분석하기는 어려우며, 반드시 한미를 둘러싼 원자력 국제환경의 영향도 동시에 고려해야만 한다.

이 글에서 분석한 1970년대 한미 원자력 협상이 주는 함의를 정리하면 다음과 같다. 먼저, 원자력 정책 입안 부서인 과학기술정보통신부(원자력연구개발, 국제협력 사업 등), 외교부(핵 비확산정책, 원자력협정 체결 등), 산업통상자원부(원자력산업 등)는 물론, 원자력 규제기관인 원자력안전위원회 등의 정책 조정 및 역할 분담이 적절히 이뤄져야 한다. 1970년대와 달리 원자력 행정조직이 상당한 정도 세분화되어 있기 때문에, 각 부서가 유기적으로 업무 분담과 협력이 가능한 체제를 구축해야 한다. 1970년대처럼 과기처 혹은 외무부와 같은 한 부서가 원자력 협상을 주도하는 시대는 이미 끝났다.

또한, 대미 원자력 외교를 강화하기 위해서 (1) 원자력 프로그램의 투명성에 대한 홍보 및 핵 비확산의 강화, (2) 제4세대 원자로개발 및 핵연료 기술, 후행 핵연료주기 등에 대한 연구, (3) 원자력 인적 네트워크의 강화 및 연구 교류, 협력체제의 정비, (4) 국내 민간 싱크탱크의 운용 및 장기적 계획 하의 조사, 연구의 강화, 한미 연구기관 간의 공동연구가 필요할 것이며, 이를 위해서는 한미 간의 민간분야(Track Two) 협력 강화가 요구된다.

2015년에 개정된 한미 원자력협정은 1988년에 개정된 미일 원자력협정과 유사하며, 1980년대 협정 개정 협상 당시의 일본이 처해 있던 상황은 우리의 현재 상황과 유사하다. 이런 점에서 1970년대 이후 일본이 펼쳐온 미국과 국제사회에 대한 원자력 외교는 한미 원자력 협력을 발전시키고, 한국의 원자력 프로그램의 자율성을 확보하는 점에서 매우 중요 시금석이 될 것이다. 한국은 일본과 마찬가지로 사용후핵연료의 재처리 및 제3국 이전, 고농축 우라늄의 저장, 형상 및 내용 변경에 대해서 미국의 사전 동의가 필요하다. 일본이 협정 개정을 통해 미국의 새로운 규제를 수용하면서도, 사전 동의를 장기적 포괄 동의로 바꾼 점은 한국의 대미 원자력 협상에도 그대로 적용된 것으로 평가된다.

마지막으로 향후의 한미 원자력 협력에서 농축, 재처리에만 초점을 맞출 것이 아니라, 21세기 한국의 에너지 믹스를 어떻게 설계할 것인가 하는 점이 더 중요하게 고려되어야 할 것이다. 한미 원자력협정을 다루면서 원자력에만 국한되지 않고 국가의 에너지 정책 전반으로 시야를 확대할 필요가 있다.

참고문헌

❖ 외교문서

「한·미국 간의 원자력시설 구매」(1955-1963).

「원자력의 비군사적 사용에 관한 대한민국 정부와 미합중국 정부 간의 협력을 위한 협정」(1956. 2. 3 서명).

「원자력의 비군사적 사용에 관한 대한민국 정부와 미합중국 정부 간의 협력을 위한 협정 수정협정」(1958. 3.14. 각서교환).

「원자력관계 연구생 미국 파견」(1959-1960).

「대한민국 정부와 미합중국 정부를 대표하는 합중국 원자력위원회 간의 특수핵물질 대여 협정」(1961. 6. 16. 서명).

「대한민국 정부와 미합중국 정부를 대표하는 합중국 원자력위원회 간의 특수핵물질 대여 협정 수정」(1961. 9. 26. 서명).

「대한민국 정부와 미합중국 정부를 대표하는 합중국 원자력위원회 간의 특수핵물질 대여 신협정」(1963. 9. 26. 공포).

「원자력의 비군사적 사용에 관한 대한민국 정부와 미합중국 정부 간의 협력을 위한 협정 수정」(1965. 7. 30. 서명).

「안전조치 적용에 관한 국제원자력기구·한·미국 간의 협정」(1966-1968, 1968. 1. 5. 서명, 발효).

「한·미국 간 원자력발전소 핵연료 계약 체결」(1972. 7. 17. 계약).

「원자력의 민간이용에 관한 대한민국 정부와 미합중국 정부 간의 협력을 위한 협정」(1972. 11. 24. 서명).

「1968년 1월 5일 자의 안전조치 적용에 관한 국제원자력기구, 대한민국 정부 및 미합중국 정부 간의 협정에 대한 수정협정」(1972. 11. 30. 서명).

「원자력의 민간이용에 관한 대한민국 정부와 미합중국 정부 간의 협력을 위한 협정 개정」(1974. 5. 15. 서명).

「한·미국 간 원자력 5, 6호기 핵연료 농축계약 체결」(1974. 9. 5. 및 11. 13 서명).

「EXIM BANK 원자력발전소(고리 2호기) 건설차관 도입」(1974-1976).

「대한민국 정부와 불란서 정부 간의 원자력의 평화적 이용에 관한 협력 협정」(1974. 10. 19. 각서교환).

「[1974년도] 한·미국 간의 원자력의 민간이용에 관한 협정 제8조 C항의 해석」(1975. 7. 21. 미국에 한국 입장 통보).

「한·미국 원자력 협력」(1976년 1월 및 12월).

「한·미국 원자력 협력 공동 상설위원회」(1976. 6. 15-16).

「한·미국 원자력 및 기타 에너지 기술협력 공동 상설위원회」 제1차 회의(서울, 1977. 7. 14.-16).

「대한민국 정부와 호주 정부 간의 원자력의 평화적 이용에 있어서의 협력 및 핵물질의 이전에 관한 협정」(1979. 5. 2. 서명).

❖ 미국 외교문서

Memorandum for the President from Henry A. Kissinger, "Proposed Atomic Energy Agreement with the ROK," White House, 21 Aug. 1972(U.S. Declassified Documents Online, link.gale.com/apps/doc/CK2349684203).

Memorandum for the President from DR. James R. Schlesinger, "Proposed Agreement for Cooperation with Korea Concerning Civil Uses of Atomic Energy," White House, 29 Aug. 1972(U.S. Declassified Documents Online, link.gale.com/apps/doc/CK2349684204).

Memorandum to the Assistant to the President for National Security Affairs from Robert S. Ingersoll regarding a U.S. approach, and Canadian and French attitudes, toward a proposed South Korean nuclear weapons reprocessing plant. Department Of State, 2 July

1975(.S. Declassified Documents Online, link.gale.com/apps/doc/
CK2349116042).

❖ **2차 문헌**

김영일·유웅조,『제1차 한미 원자력협정 개정 협상의 쟁점과 과제』, 국회입법조사처 전
　　　자자료(2010).

박지영,『한미 원자력 협력협정 개정의 쟁점과 목표』, 아산정책연구원 전자자료(2014).

박　진,『원자력의 평화적 이용과 대한민국의 핵 외교: 한미 원자력 협력협정 개정 전략
　　　과 대책』, 박진 의원실(2011).

백재현,『한미 원자력협정과 파이로프로세싱: 사용후핵연료 처리를 중심으로』, 백재현
　　　의원실(2015).

유웅조,『한미 원자력협정 개정의 주요 내용과 향후 과제』, 국회입법조사처 전자자료
　　　(2014).

윤혜선,「한미 원자력 협력협정 개정 방향에 대한 소고: 1988년 미일 원자력 협력협정
　　　사례를 중심으로」,『서울법학』제23권 제1호(2015).

이광석,『한미 원자력협정 개정 주요 내용 및 향후 과제』, 한국원자력연구원(2015).

장순흥,「한미 원자력협정 개정의 성과와 앞으로의 과제」,『외교』제114호(2015).

전봉근,「신 한미 원자력협정의 성과와 후속 과제」,『주요국제문제분석』2015-12(국립외
　　　교원, 2015).

＿＿＿,「21세기 한국 원자력외교 과제와 대책」,『국제문제연구』통권30호(국립외교원,
　　　2008).

전진호,『일본의 대미 원자력외교: 미일 원자력 협상을 둘러싼 정치과정』, 도서출판 선
　　　인(2019).

＿＿＿,「대미 원자력 국제협력 추진방안 연구」, 원자력국제협력재단(2008).

진태종,『한미, 미일 원자력협정 협상전략 비교 연구』, 경기대학교 박사학위논문(2011).

한국원자력연구소,『한미 원자력 협력 선진화를 위한 원자력외교 추진방안 연구』(2003).

부록

자료목록 및 해제

첨부문서

[외교문서 1] 『한·미국 간의 원자력시설 구매』(1955-1963)

한미 간의 원자력시설 구매 관련 문서철로 다음 자료들이 수록되어 있음.

1. 1956년 한미 원자력협정 국문본, 영문본 및 관련 문서
2. 연구용 원자로 구매 계약 관련 문서(1955-1961)
   : 원자로 가동에 필요한 실험기재 및 부속 재료, 원자로 부품 등
3. 특수핵물질 구매 관련 문서(1960-1962)
   : 특수핵물질 구매 관련 주미대사의 보고(주미대사가 구매 계약에 서명)
4. 표적용 용기 구매 관련 문서(1962-1963)

[외교문서 2] 「원자력의 비군사적 사용에 관한 대한민국 정부와 미합중국 정부 간의 협력을 위한 협정」(1956. 2. 3 서명)

미국과 체결한 최초의 원자력협정으로 연구용 원자로를 도입하기 위한 협정. 주미 한국대사가 미 국무부 국동담당차관보 및 원자력위원회 위원장과 가서명한 것과 관련, 동 협정의 정식조인을 위해 국회 비준 동의 등 필요한 국내 절차를 밟았다는 내용의 문건. 협정 체결로 연구용 원자로에 대한 정보 교환, 연료인 우라늄 235의 농축우라늄(6kg) 및 원자로용 원료물질(특수핵물질은 제외) 및 기타 관련 재료 등을 미국으로부터 대여받았으며, 협정은 서명과 동시에 발효. 한국은 주미대사, 미국은 원자력위원회가 정부를 대표하여 조약체결 당사자로 서명. 협정문 국문본 및 영문본이 수록되어 있음.

[외교문서 3] 「원자력의 비군사적 사용에 관한 대한민국 정부와 미합중국 정부 간의 협력을 위한 협정 수정협정」(1958. 3. 14. 각서교환)

미 정부는 1956년 2월에 서명한 원자력협정의 개정을 동년 11월 한국 정부에 제의하였고, 양국 정부간 합의에 따라 협정이 개정되어 1958년 5월 발효되었음. 개정 협정에는 1956년 협정에서 제외된 특수핵물질 등 중요한 물질을 상호 합의하는 분량과 조건 하에서 연구목적에 한하여 한국에 매도 또는 양도할 수 있는 조항이 추가됨. 다만, 양도로 한국의 관할 하에 있게 되는 특수핵물질의 분량은 우라늄 235 100g, 플루토늄 10g, 우라늄 233 10g을 초과할 수 없게 제한하였으며, 수익국은 원자력에 관하여 교환된 정보 및 자료를 적용 또는 사용하는데 모든 책임을 지는 내용이 포함됨.

[외교문서 4] 『원자력관계 연구생 미국 파견』(1959-1960)

문교부 원자력원은 건설 중인 원자력연구소가 완성되어 연구가 진행되면 인체에 해를 미치는 방사선이 다량 발생하게 되므로, 방사선으로부터 적절하게 방어하는 임무를 수행하는 인원의 양성이 시급한 점을 감안, 미국의 해군 의학연구소와 원자력 관계 연구소에 전문가를 파견할 것을 건의, 1960년 1월 대통령의 재가를 받음.

[외교문서 5] 「대한민국 정부와 미합중국 정부를 대표하는 합중국 원자력위원회 간의 특수핵물질 대여 협정」(1961. 6. 16. 서명)

문교부 원자력원은 제작 중에 있는 연구용 원자로의 연료의 대여 신청에 필요한 조치를 취해줄 것을 1959년 5월 외무부에 요청, 주미대사관은 1959년 8월 미국 원자력위원회에 핵연료 대여 신청서를 제출하였으며, 미국 원자력위원회는 핵연료 대여 협정 및 구매 계약서 초안을 송부해 옴. 외무부는 원자력원의 요청에 따라 주미대사에게 핵연료 구매계약 체결을 지시하여, 주미대사는 1961년 6월 한국 정부를 대표하여 미국 원자력위원회와 핵연료 대여 협정에 서명. 본 문건에는 한·미국 간 핵연료 대여 협정 및 핵연료 구매계약서가 첨부되어 있음.

미 원자력위원회가 한국에 실험용 핵물질을 대여하기 위한 최초 협정은 1961년 6월 체결되었으나, 미국 원자력법이 수정됨에 따라 동년 9월 협정이 갱신 체결됨. 개정 대여 협정은 특수핵물질의 대여를 위해 적용될 기간 및 조건을 설정한 것으로, 대여하는 특수핵물질은 농축우라늄(u-235), 플루토늄, 우라늄 233임. 한국이 수취한 모든 특수핵물질의 소유권은 미국에 속하며, 대여 협정의 유효기간은 1963년 6월 30일까지로 결정됨.

1961년 9월 서명, 발효된 특수핵물질 대여에 관한 한국 정부와 미국 원자력위원회 간의 협정을 갱신하는 신협정이 1963년 9월 공포됨. 구 협정이 1963년 6월 만기가 되기 때문에 문교부 원자력원은 기존 협정의 연장 교섭을 하였으나, 미국 측이 신협정안을 제시하여 신협정을 체결함. 문서철에는 신협정 체결 경위, 신협정의 주요 내용 등이 수록되어 있음. 협정은 플루토늄, 우라늄 등의 특수물질을 대여받아 실험, 사용하기 위한 목적으로 체결되었으며, 대여물자의 반환(4조) 및 대여물자의 선적수송비 부담(5조) 등에 관하여 약간의 차이가 있는 것 외에는 구 협정과 거의 동일함.

1956년 체결한 한미 원자력협정의 유효기간은 1966년 2월이지만, 미 국회 비준 관계로 1965년 중에 개정 절차를 개시하지 않으면 시기적으로 늦어진다는 미국의 협정 개정 요청에 의해, 1956년에 체결한 협정의 2차 개정이 이뤄짐. 협정 개정으로 협정의 유효기간이 10년 연장되었으며, 미국이 대여(lease)한 특수핵물질을 양도(transfer)하는 것으로 표현을 수정하여 한국이 우라늄을 구매할 수 있게 되었음. 다만 이 규정은 미국으로부터 특수핵물질을 양도받을 수 있다는 의미로서, 현재의 임대 계약은 유효한 것으로 해석함.

한국이 임차한 우라늄 연료를 사용한 원자로에서 생산되는 원자물질(Plutonium)의 소유 및 처분에 관한 규정 및 한국이 구매한 연료를 사용한 원자로에서 생산된 원자 물질에 대한 처분 규정을 신설함.

[외교문서 9] 「안전조치 적용에 관한 국제원자력기구·한·미국 간의 협정」(1966-1968, 1968. 1. 5. 서명, 발효)

미국은 한국 내의 핵물질, 장비 및 시설에 대한 안전조치 적용을 국제원자력기구(IAEA)가 담당하게 하는 내용의 한·미·국제원자력기구의 3자 간 협정을 체결할 것을 1966년 9월에 제의함. 1966년 11월 미 국무부가 한국·IAEA·미국 간의 안전조치 적용에 관한 협정 초안을 제시하여 외무부는 관계부처의 의견수렴을 거쳐 이에 동의하고 IAEA 사무국에도 이 사실을 통고함. 협정 내용은 핵물질, 장비, 시설의 관리와 관련한 통고, 등록, 감사, 분쟁해결절차 등을 규정하고 있음. 1967년 5월 IAEA 사무국이 일부 수정의견을 제시하고 다시 미국이 이에 대한 재수정 의견을 제시하여 외무부가 이를 종합적으로 반영한 최종안에 관한 국내 절차가 진행됨. 3자 협정의 주요 내용은 목록에 등재된 물질·장비·시설은 등재기간 동안 군사적 목적으로 사용하지 못하며 기구는 군사적 목적 사용 방지를 위해 안전조치를 적용할 의무를 지며, 안전조치는 안전조치 규정에 명기된 절차에 따라 실시.

[외교문서 10] 「한·미국 간 원자력발전소 핵연료 계약 체결」(1972. 7. 17. 계약)

외무부는 1972년 6월 주미대사에게 원자로용 핵연료 구매와 관련한 과기처 원자력청의 요청사항을 전달하고, 관련 협상 시행을 지시함. 원자력연구소는 조달청을 통해 핵연료봉 9개의 구매 계약을 1971년 12월 미국 업체와 체결하였으나, 특수물질 대여에 관한 협정에 의거하여 미국 원자력위원회로부터 대여 승인을 받도록 되어 있어 주미 대사관을 통해 미국 원자력위원회의 승인 등 필요 절차를 취해줄 것을 요청. 주미 대사관은 1972년 7월 미국 원자력위원회에 주문 신청서를 전달하고, 계약상 7월 17일 이전이 허가되어야 하며 소량 구매 시의 규제를 받지 않도록 해줄 것을 요청. 미국 원자력위원회는 7월 17일 특수핵물질 반출 허가를 계약 업체에 발급함.

[외교문서 11] 「원자력의 비군사적 사용에 관한 대한민국 정부와 미합중국 정부 간의 협력을 위한 협정」 전2권(1972. 11. 24. 서명)

정부는 건설 중인 원자력발전소의 원자로 가동에 필요한 핵연료 공급을 위해 1956년에 체결된 원자력협정을 대체하는 새로운 협정 체결을 제의, 핵연료 공급의 상한선을 높이는 내용으로 신협정이 체결됨. 신협정 체결로 연구용 원자로에 대한 기술지원에 더해, 건설 중인 상업용 원자로에 대한 기술협력으로 원자력 협력을 확대하고, 원자력발전소 1호기에 필요한 핵연료 12,900kg을 공급받게 됨. 또한 양도 물질, 장비 및 기기에 대한 안전조치 적용을 위해 한·미·IAEA 간의 3자 협정을 개정, 체결하도록 하였으며, 1975년 착공 예정인 원자력발전소 2호기에 필요한 핵연료 공급을 위한 양해각서를 교환함.

[외교문서 12] 「1968년 1월 5일 자의 안전조치 적용에 관한 국제원자력기구, 대한민국 정부 및 미합중국 정부 간의 협정에 대한 수정협정」(1972. 11. 30. 서명)

1972년 11월에 체결된 한미 신 원자력협정에 따라 1968년 1월에 체결된 한·미·IAEA 3자 간의 안전조치 적용에 대한 협정을 수정 체결함. 기존에 체결된 3자 간의 안전조치 협정이 한미 간의 신협정에 적용된다는 내용임. IAEA 사무총장과 주오스트리아 한국대사, 미국 상주대표가 비엔나에서 서명.

[외교문서 13] 「원자력의 비군사적 사용에 관한 대한민국 정부와 미합중국 정부 간의 협력을 위한 협정 개정」(1974. 5. 15. 서명)

미국의 요청으로 1972년에 체결한 원자력협정을 개정함. 미국은 외국에 대한 핵연료 공급 약속을 협정으로 묶는 것을 피하고, 미국산 핵연료를 우선적으로 미국 내 기관에 공급하기 위한 조치라고 설명. 외무부는 미국의 제안을 경제기획원, 과학기술처, 상공부에 통보하고 검토를 요청함. 과학기술처는 1973년 10월 개정안 제3조의 핵연료 농축계약 한도량을 5,000MW로 하고, 협정의 유효기간을 35년으로 하는 검토의견을 외무부에 보내옴에 따라 주미대사관은 미 국무부 원자력국과 협상. 주미대사와 미 국무부차관보는 1974년 5월 미 국무부에서 동 협정 개정문에 서명. 개정에 의해 미국은 5,000MW급 원자로의 연료주기를 유지하는 데 필요한 농축우라늄을 공급하고, 협정의 유효기간은 41년으로 함.

[외교문서 14] 「한·미국 간 원자력 5, 6호기 핵연료 농축 계약 체결」(1974. 9. 5. 및 11. 13 서명)

과학기술처가 한·미국 간 원자력협정에 따라 한전이 미 원자력위원회와 원자력발전소 5, 6호기(아산 1, 2호기)에 공급할 핵연료 농축계약을 체결할 수 있도록 1974년 6월 외무부에 요청하였으며, 외무부는 필요한 조치를 취하도록 주미 대사관에 지시. 미 국무부는 미국 정부가 1974년 8월, 대통령 성명으로 보류하여왔던 외국과의 핵연료 농축계약을 전면적으로 재개할 것이며, 한국과도 원자력발전소 5, 6호기의 핵연료 계약을 체결할 것임을 주미 한국대사관에 알려옴. 미국 원자력위원회가 1974년 9월 핵연료 농축계약서를 한전에 송부, 한전은 11월 동 계약서에 서명 후 이를 등기우편으로 미국 측에 송부.

[외교문서 15] 「EXIM BANK 원자력발전소(고리 2호기) 건설차관 도입」(1974-1976)

1974~76년 중 원자력발전소 고리 2호기 건설을 위한 미국 EXIM Bank(수출입은행) 차관도입에 관한 문서임. 1974년 4월 한국전력 사장은 EXIM을 방문하여 원자력 2호기 사업을 협의하고 차관 신청서를 제출함. 1976년 8월 한전은 외무부에 차관 협정 시한 연장 협상을 요청했으며, EXIM 아시아지역담당 부총재는 주미대사관에 한국전력이 협상 중인 웨스팅하우스와의 계약 파기 및 별도의 공급자를 물색하여 새로운 형태의 원자력발전소 건설 방안을 제시함.

[원자력발전소 건설 차관 및 사업 개요]

• 발전소(발전량): 경남 고리 소재 (65만 KW)

• 총 차관액: 미국 EXIM(2억 9천만 달러), 영국(1억 8천만 달러)

• 차관 조건: 완공 후 6년 거치 15년 상환, 이자율 8.5%

[외교문서 16] 「대한민국 정부와 불란서 정부 간의 원자력의 평화적 이용에 관한 협력협정」(1974. 10. 19. 각서교환)

고리 원전 1호기의 상업용 발전이 수년 후로 다가옴에 따라 정부는 사용후핵연료의 재처리에 대비하여 프랑스와 원자력협정을 체결함. 협정에서는 원자력 연구개발에 관한 주요한 정보 및 기술의 교환, 전문가의 상호교환, 핵물질의 제공 등의 분야에서 협력하기로 함. 이 협정은 프랑스 원자력위원회와 한국 과학기술처가 체결 당사자가 됨. 협정 체결 이후 양국은 핵연료 성형가공 연구시설 공급 계약, 재처리 연구시설 공급 및 기술용역 시설 도입 계약을 1975년 체결함. 프랑스의 협력으로 한국이 재처리시설을 건설하려는 시도에 대해 미국이 강력히 반발하여 1976년 1월 프랑스와의 계약은 파기됨.

[외교문서 17] 「카나다 원자로(CANDU 2기 및 NRX) 도입을 위한 재정 차관 협상」
(1973-1974)

캐나다로부터 중수형 원자로(CANDU)와 3만KW급 연구용 원자로(NRX)를 도입
하기 위한 협정. 1974년 초 협상이 시작되어, 1974년 12월 한전과 캐나다 원자
력공사는 CANDU 원자로 공급 계약 및 기술도입 계약에 가서명. 60만KW급
CANDU로를 2기 도입하여, 원자력 3, 4호기로 사용하는 것이 결정되었음. 그러
나 캐나다의 지원으로 한국이 도입하려던 연구용 원자로는 핵확산을 우려한 미
국의 반대로 도입되지 못함.

[외교문서 18] 「벨기에 핵연료 재처리 가공시설 사업 차관 도입」(1974-1976)
[외교문서 19] 「벨기에 상업차관 도입」(1975-1976)

벨기에로부터 신형원자로용 핵연료 (재처리) 가공기술을 도입하는 계약을 추진하
였지만, 프랑스와의 재처리 계약이 파기되면서 한·벨기에 협상도 1977년 중단됨.

[외교문서 20] 「[1974년도] 한·미국 간의 원자력의 민간이용에 관한 협정 제8조 C
항의 해석」(1975. 7.21. 미국에 한국 입장 통보)

한미 원자력협정 제8조 C항의 해석에 관한 문서철임. 협정 제8조 C항에 대해 미
국은 특수핵물질의 재처리 또는 조사 핵연료의 내용 또는 형상의 변경을 위한 제
1단계 선행조건으로서, 동 협정 제11조(미국의 안전조치권)가 효과적으로 적용될 수
있다는 정부의 공동결정이 필요하며, 공동결정이 내려질 경우, 재처리 또는 변경
의 제2단계 선행조건으로서 재처리 대상 시설에 관해 양국 정부가 합의해야 한
다고 주장. 이에 한국 정부는 미국 측 해석을 수락하나, 체결 협상 중인 IAEA(국제
원자력기구) 체제의 포괄적 안전조치의 유효성 및 재처리시설에 대한 비용의 경제
적 요소 등을 고려해줄 것을 요청함. 한국이 프랑스로부터 도입하려는 재처리시
설을 저지하는 명분으로 활용됨.

[외교문서 21] 「한·미국 원자력 협력」(1976년 1월 및 12월)

한미 간의 원자력 비공식 회의의 내용을 정리한 문서철임. 특히 한국의 재처리시설 도입을 둘러싼 한미 간의 협상 내용이 수록되어 있음. 1975년 8월 주한 미국대사가 과기처 장관을 방문하여, NPT 가입 및 핵무기 개발 포기를 요구했고, 1976년 1월 과기처에서 재처리 문제에 대한 협상이 진행됨. 문서철에 수록된 주요 내용은,

1. 재처리시설 도입에 대한 1차 회의(1976. 1. 22.~23, 서울)의 협의 내용
   - 양국간 원자력 분야에서의 대화 확대 및 원자력 평화적 이용에 관한 협력
   - 원자로 설계, 건설, 운전 및 보수에 관한 협력
   - 핵연료 가공 및 재처리 서비스 등
2. 원자력 안전규제와 안전 연구 관련 기술정보 교환 및 협력 약정 체결
   - 1976. 3. 18. 미국 원자력규제위원회와 과학기술처 원자력국장이 서명, 발효

[외교문서 22] 「한·미국 원자력 협력 공동 상설위원회」(1976. 6.15-16)

한미는 1976.6.15.~16. 워싱턴에서 한미 원자력 협력 공동 상설위원회 설치를 위한 회담을 개최하였으며, 한국은 과학기술처 장관을 수석대표로 하는 정부대표단을 파견함. 회담의 결과 원자력 협력 공동 상설위원회를 개최하기로 합의하여, 1977년부터 1970년까지 3차례 공동위원회를 개최함.

1976년 6월 회의 결과
   - 한미 과학기술 협력협정 체결 합의(9월 중 서울에서 체결 예정)
   - 한미 원자력 협력 공동 상설위원회 설치 결정
   - 미국 원자력규제위원회와 한국 과학기술처 간 원자로 안전 및 검사·규제에 관한 기술정보 제공과 직원 교류 확충에 합의 등

[외교문서 23] 「한·미국 원자력 및 기타 에너지 기술협력 공동 상설위원회」 제2차 회의(서울, 1977.7.14-16)

제2차 한미 원자력 협력 공동 상설위원회는 1977년 7월 서울에서 개최되었으며, 제2차 회의의 결과는 다음과 같음.

- 한미 원자력 협력 공동 상설위원회 정식 발족
- 한미 과학기술 협력협정 체결
- 한국 원자력연구소와 미 아르곤 원자력연구소간 자매결연 체결
- IAEA가 추진 중인 다국간 지역 재처리센터에의 한국 참여
- 핵연료 가공사업에 대한 한미 협력 강화
- 원자로 안전 분석 및 규제에 관한 협력
- 핵연료 농축계약 지원 등

[외교문서 24] 「대한민국 정부와 호주 정부 간의 원자력의 평화적 이용에 있어서의 협력 및 핵물질의 이전에 관한 협정」(1979. 5. 2. 서명)

호주로부터 핵연료를 수입하기 위해 호주와 원자력협정을 체결.

[외교문서 25] Memorandum to the Assistant to the President for National Security Affairs from Robert S. Ingersoll regarding a U.S. approach, and Canadian and French attitudes, toward a proposed South Korean nuclear weapons reprocessing plant. Department Of State, 2 July 1975(.S. Declassified Documents Online, link.gale.com/apps/doc/CK2349116042).

한국이 프랑스와 캐나다의 협력으로 재처리시설을 건설하려는 시도에 대해 미 국무부는 ACDA(군비관리군축청), 국방부, ERDA(에너지연구개발국), CIA 등과 협의한 후, 대통령에게 대응 옵션을 제안. 국무부는 대통령 안보보좌관에게 보낸 공문에서, 현행 한미 원자력협정에 의해 미국이 한국에 제공한 원자로에서 생산된 사용후핵연료의 재처리에 대해서는 미국이 거부권(veto)을 행사할 수 있다고 보고.

[외교문서 2] [J-0005-01/267/741.64]
원자력의 민간이용에 관한 한·미국 간의 협력을 위한 협정(1956)
26-28쪽

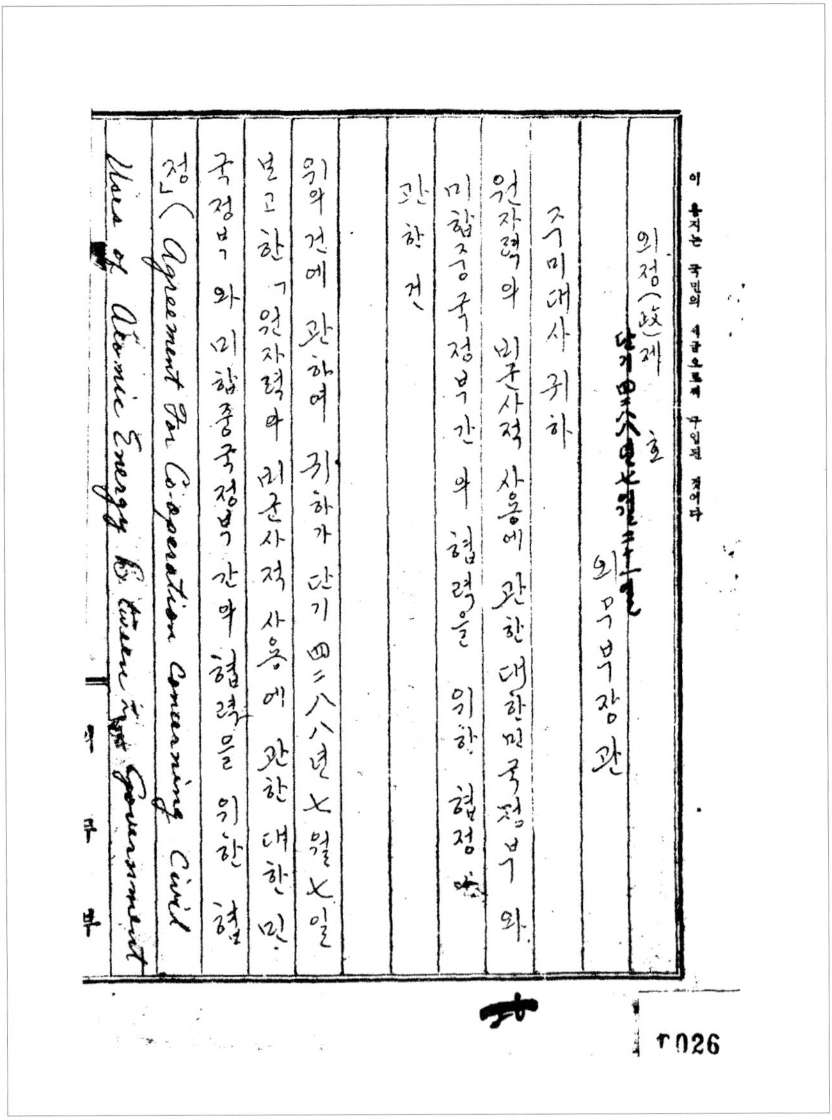

이 용지는 국민의 세금으로써 구입된 것이다

외정(政)제 [illegible] 호

외무부장관

주미대사 귀하

원자력의 비군사적 사용에 관한 대한민국정부와
미합중국정부간의 협력을 위한 협정에
관한 건

위의 건에 관하여 귀하가 단기 四二八八년 七월 七일
보고한 「원자력의 비군사적 사용에 관한 대한민
국정부와 미합중국정부간의 협력을 위한 협
정」(Agreement for Co-operation Concerning Civil
Uses of Atomic Energy Between the Government

외 무 부

T026

of Republic of Korea and the United States

을 정식으로 조인할 경우에 다음과 같은 점

을 주약하시기를 바라나이다.

기

(가) 협정은 을 영문(英文)과 아울러 국문(國文)

을 정본(正本)으로 하도록 하고 그 취지

(趣旨)를 협정문 속에 삽입하되 사정에 따

라서는 다음과 같은 내용의 규정을 삽입하

여도 좋음. 즉 「영문과

문 사정에 따라서는

국문은 동일한 효력을 가진다. 단, 협정

문 해석에 있어 양당사자 간에 의견이 일치

하지 않는 경우에는 영문을 기준으로 한다.」

0027

(…… The English and Korean texts shall be equally authentic, but in case of divergence, the English text shall prevail.)

(나)
동협정을 체결하기 위하여 국내 헌법(憲)상의 절차를 밟을 필요가 있음으로
동협정 서명은 반드시 그러한 절차가 끝났다

는 본부와 동지가 있은 다음에 할 것.

추가:

(나) 항(項)에서 말한 절차는 가급적(可及的)으로 속히
밟을 예정이지만 그전에 미국측으로부터 조속

히 동협정 후 조인을 요청하여 올 때에는 곧

무기으로 동일하여 주시기로 바라어 이된.

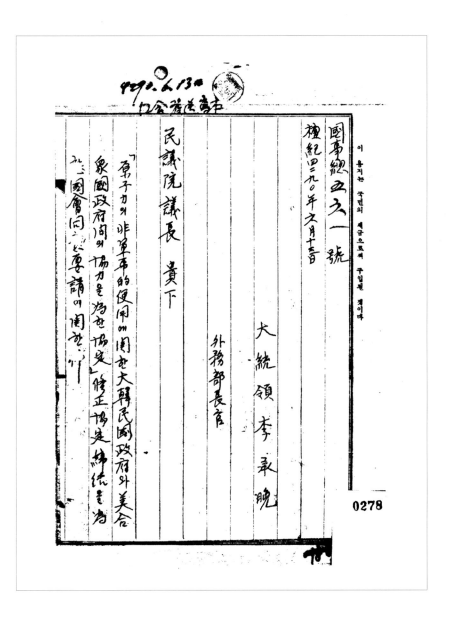

0278

首題의 件 標記 一千九百六九年二月三日에 締結된 原子力의 非軍事的 使用에 關한 大韓民國政府와 美合衆國政府間의 協力을 為한 協定을 修正함에 美國政府로부터 提議하여온바,

同修正協定案의 內容은

첫째 新物質의 提供으로서 韓國政府가 引受한 原子力의 平和的 使用에 關한 研究討議와 關聯하여 原子力에서는 讓渡의 對象에서 除外되었던 特殊核物質을 비롯한 原料物質、副産物 其他 放射能同位元素 및 特定性同位元素 등을 含한 重要物質을 相互 合意으로 今量과 修件下에서 韓國政府에 賣渡 또는 讓渡함을 規定하였으며

둘째는 件으로 責任條項의 揮入으로서 美益國은 原

0279

우리에 關하여 支換된 情報 및 資料를 通用 또는 便用하는

데 責任을 지며 延한 受益國이 引受한 後이 特殊核物須

또는 燃料資料의 安全한 操作과 便用에 對한 責任을

짐과 아울러 引渡後의 該物資 및 資料의 生産, 組成,

所有, 貸與, 去來 便用으로 부러 發生하는 모든 責任

에 關하여 美國政府로 하여금 更責케하며 損失를 입히

지않도록 規定하야要으며

셋째는 本修正協定書으로 書面國政府가 修正의 効力

發生에 必要한 諸般 憲法上 및 法律上의 要件을 充足하

였다는 書面通告를 接受하는 日字에 効力을 發生하며

勇傷定의 存續期間中有効함을 規定할 뿐아,

本協定에 따라 締結된 本協定에서 말하는 權記

檀紀四二八九年 二月 二日에 締結된

0280

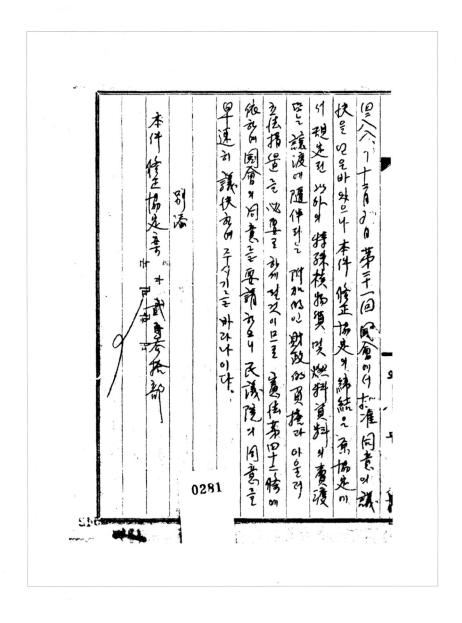

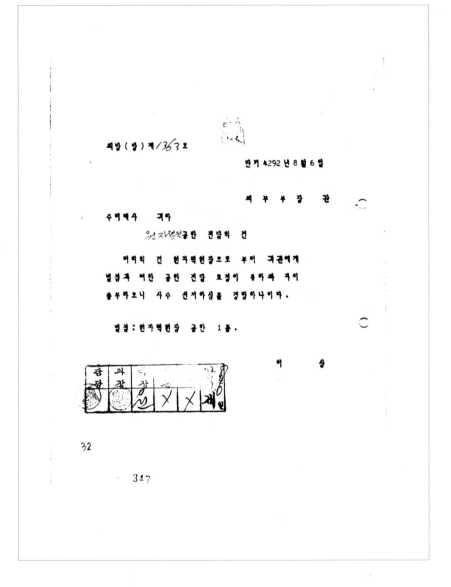

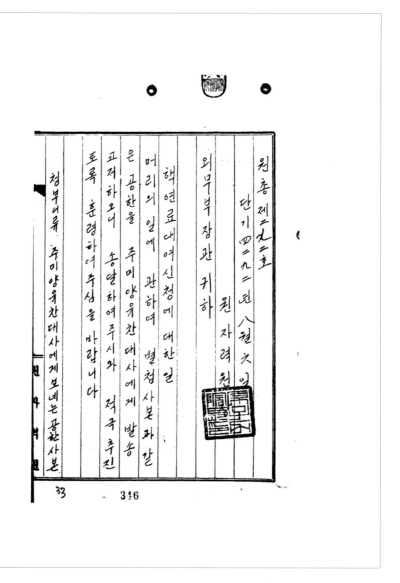

외무부장관 귀하

원총제二九二호

단기四二九二년 八월 六일

원자력원

핵연료대여신청에 대한 일

머리의 일에 관하여 별첨사본과 같

은 공한을 주미양유찬대사에게 발송

교저하오니 송달하여주시와 적극추진

토록 훈령하여 추심을 바랍니다

첨부서류. 주미양유찬대사에게 보네는 공한사본

원총제 호
단기 4292년 8월 5일

원 자 력 원 장

미합중국주재
양 유 찬 대 사 귀 하

핵연료 대여 신청에 관한 건

5월 20일자 공한으로 요청한 대여수속을 취하도록 의뢰한바 있는 바이의 일에 대하여 수속관계상 미심한점이 있다는 연락을 외무부로 부터 받았으므로 본 대여수속에 참고될 사항 및 수속 요령을 다음과 같이 통보하오니 조속히 수편하여 주시기 바랍니다.

- 기 -

1. 원자로 구매단으로 파견된 대표가 한국원자로 계획을 미국원자력위원회에 제출하고 35만불의 재정적원조를 교섭하는 한편 원자로 연료요소재작을 농축도 20%의 우라늄 2.1 키로그람의 대여신청을 구두로 하였든바 동위원회에서 핵연료 대여받자는 한국정부가 구체계획을 제정한후 실제로 연료를 사용하기 전에 사용시기와 사용방법을 기재한 서면신청서를 제출하라는 답변을 받았음.

34 345

— 2 —

2. 이고설회담에는 기한피자 제너럴,하오프의 휘원을 루저제로 스파이스 씨(Mr. Smyth)로 압설하였으며 이룬제에 대하여 한국정부를 위하여 미국한자력위원회를 고성하여 여건 아녁두었다고 발언하였음.

3. 그러므로 귀피자권에서 전기 스파이스 씨를 발동하여 미국한자력위원 회로 부어 소정양식을 남어 수록서류를 작성하여 제출답겠. 기계차당 에 미설산정이 있을때는 구제적으로 빌시하여 즉시 한보로 문쇄하것.

4. 미국한자력위원회의 경면로 관계책임자(Mr. Dixon B. Hoyle) 의 만에 의하면 미국정부는 면련로더어에 있어서 오그렇지에서 한자로 제각치자인 제너럴 아오력에 소요량의 언료를 고두하면 동피자는 이것 을 우리나라에 도입안한자로에 사용될 언로로로 가공하는 즉시 미국 한자력 위원회에 남설다고 동책원자는 모스만렌스 단국동명사에게 언보아기될 것인에 이 언로요소의 한자로 건설거자까지의 운만계심을 기한피자에 있음으로(거약문제2로 참로) 다시 이 거약피자에 언보아여 동피우로 아여금 관련으로 한자로건설저갈까지 운만게피는것임.

5. 발취근거는 다음과 갈음

(a) "한자녁의 비군사적용도에 관한 대안민국과 미당동국간의 협력을 위한 협정" 제2로

(b) 한자로 구비에 관한 대안민국정부와 제너럴 다이나믹 회로간에 체결된 "거약" 제2로 제16로 및 부록 제5당

3·14
35

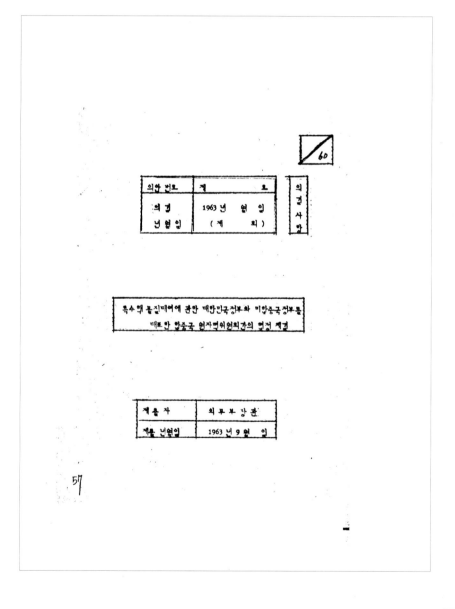

<u>구 의 의 결 안</u>

1. 의결주문

　1961 년 9 월 26 일자로 서명 발효된 특수 핵물질대여에 관한 대한민국
정부와 미합중국정부를 대표한 합중국 원자력위원회간의 협정을 경신하는
신협정을 체결하기로 한다.

2. 제안이유

　가. 1956 년 2 월 3 일 와싱톤에서 서명된 "원자력의 비군사적이용에
관한 대한민국정부와 미합중국정부간의 협력을 위한 협정" (1958 년 연장
개정)에 의거하여 미원자력위원회가 대한민국에 실험용 핵물질 (푸루토늄,
우라늄 등) 을 대여하기 위하여 이에 관한 최초협정이 1960 년 6 월 16 일
에 체결되었던 것입니다.

　나. 그후 동 협정은 다시 미국원자력법이 수정됨에 따라 1961 년 9 월
26 일자로 갱신 체결되었으며, 금년 6 월 30 일자로 만료하게 되었으나, 원자력
의 평화적 이용 및 한국의 원자력연구의 발전을 위하여 특수 핵물질의 계속적
인 대여가 필요하므로, 한국 원자력원의 요청에 따라 유효기간을 연장
하기 위하여 주미대사를 통하여 교섭한바, 미국측에서 별첨과 같은 신
협정안을 제의하고 이 신협정안의 서명, 발효시까지 현행협정을 연장하자는
구서를 보내 왔읍니다.

　다. 미국측이 제안한 신협정안과 현행협정은 대여물질의 반환 (제 4 조)
및 대여물질의 선적수송비의 부담 (제 5 조) 에 관하여 약간의 상위가 있는

58

의에는 양자간에 자구수정, 어구배열에 따효 차이가 있을뿐 거의 통일한 것입니다.

　마. 본 대여협정의 주요 목적은 푸루토늄, 우라늄 등의 특수 핵물질을 대여받아 실험, 사용함으로서, 우리나라의 원자력의 연구, 발전을 도모 하고저 하는 것입니다.

3. 주요골자

　현행협정과 신협정안을 비교 고찰하여 본 신 협정안의 주요골자는 다음과 같습니다.

　(1) 대여의 당사자 (전문)

　미국정부를 대표한 미국원자력위원회와 대한민국정부 (단, 한국정부는 주미대사를 통하여 교섭, 서명케 함) 가 대여의 당사자로 되어있음.

(현행협정과 신협정안이 동일)

　(2) 대여물질

　신협정안은 현행협정과 달리 대여될 물질을 구체적으로 규정하고 있는 바 (제 2 조 "** 항), 이에 따라 우리나라가 대여받을 물질은 푸루토늄, 우라늄—233, 동위원소 233, 235 에 농축된 우라늄 및 위원회가 특수핵물질 이라고 결정하는 물질과 전기 물질이 농축된 물질임. (다만, 신협정은 현행협정의 연장이 되므로, 현행협정에 의하여 대여받은 물질을 계속하여 사용하게 됨).

　(3) 대여된 물질의 소유권

　특수핵물질이 임차자에게 대여되어도 그 소유권은 미국정부에 속함.

　(제 3 조) (동일)

59

(4) 대여기간, 대여의 종료 및 취소

대여기간은 1963년 7월 1일부터 1967년 6월 30일까지 4년으로 함.

임차자는 자기의 부담으로 이미 주문한 물질을 철회할수 있고, 일방 당사국이 대여에 관한 의무를 이행하지 못하면 타방 당사국은 대여협정을 취소할수 있으며, "원자력의 비군사적 사용에 관한 협력을 위한 협정"의 만료, 정지가 있을 때는 자동적으로 대여협정의 만료를 가져오게 한 구정들은 현 협정과 신협정안이 동일함. (제4조 "가", "나", "다", "라" 항). 다만 신협정안은 동조에 "라" 항을 신설하여 임차자가 대여받은 물질을 그 대여의 목적으로 사용할수 없는 경우에는 미원자력위원회에 반납하도록 하였는데, 이것은 물질주문서에 대여목적을 명시하도록 되어있는 구정 (제2조 "나" 1)과 당사자가 상호 합의하는 때에는 반납하지 않을수도 있다 (동조 후반)는 점을 고려할 때 대여 신협정 안이 현행협정에 비하여 특별히 우리나라에 불리한 구정을 신설하였다고 볼수는 없음.

(5) 물질의 대여 및 반환

가. 물질의 대여

임차자는 위원회가 작성한 특수 핵물질의 발주 서식을 사용하여 물질을 주문하며 (제2조 "나" 항 1), 위원회는 차급적이면 주문서에 정한 일시에 (제14조) 임차자에게 직접 또는 임차자가 지정하는 미국계약자를 통하여 물질을 제공함 (제2조 "나" 항, 제5조 "가" 항) (통일).

60

여기서 물질의 대여와 관련하여 주의할것은 현협정 제 5 조 "■" 항의
후단에 발주 명세서와 일치하지 아니함으로 인한 반환물질의 선적수송비의
위원회부담을 규정하여 위원회의 과실책임을 명시하고 있는데 반하여,
신협정안은 이를 삭제하여 임차자의 과실이 아닌 손해에 대하여 그 비용
부담의 소재가 불명하게 되어 있으므로 임차자의 부담을 초래할 가능성이
있으나, 동조 "■" 항의 2 에 의거하여 합중국 계약자와 약정을 체결함으로서
비용부담의 책임을 기술적으로 전가시킬수 있음.

　　나. 물질의 반환
　　　임차자는 90 일 ○ 전에 사전통고를 "고 (제 6 조 "■" 항2)
대여협정의 만료, 종료 혹은 그 이전의 어느때라도 (동조 "■" 항 1)
대여받은 물질을 표준협태로 (동조 "■" 항) 위원회가 결정하는 크기의
씨민머에 넣어서 (동조 "■" 항) 반환하여야 함.

　　다. 측정상위의 해결
　　　물질의 대여 및 반환과 관련하여 양당사자간에 의견의 불일치가
있는 경우에는 상호 합의하는 증재인이 재측정하며, 증재인의 측정결과와
보다 많은 차이를 나타낸 당사자가 증재인의 비용을 부담함. (제 18 조) (통일)

　(6) 위원회의 권리와 의무
　　　위원회는 대여물질에 관련하여 회계검사 및 재고검사를 할 권리를
가지며 (제 5 조 "■" 항), 임차자에게 제공된 물질이 주문서에 기록된
명세서와 일치하지 않을때에는 이를 시정할 의무가 있음. (제 5 조 "■" 항)
(통일)

61

(7) 임차자의 부담

가. 물질의 대여 및 반환을 위한 처리 혹은 재처리에 관한 용역비를 지불하고 (제 5 조 " 나 항 1, 제 6 조 " " 항).

나. 대여받은 물질의 망실 및 소모에 관련하여 무과실 책임을 지고 변상하여야 하며 (제 7 조 " 가 항).

다. 위원회가 정하는 물질의 사용료를 부담함 (제 8 조) (동일).

(8) 임차자의 의무

가. 위원회의 사전 동의없이 대여받은 물질을 혼합하지 못함. (제 5 조, " 마, " 사 항).

나. 특수핵물질의 수령, 점유, 사용 또는 이전에 관한 기록을 유지 하고 보고함. (동조 " " 항).

다. 대여받은 물질의 망실. 소모에 대한 보고 (제 7 조 " 나 항).

라. 위원회의 승인없이 물질의 대여를 양도할수 없음. (제 17 조)

마. 특수핵물질의 생산, 제조, 소유, 대여, 점유 및 사용에 관련된 상해 또는 손해에 관하여 합중국에 대하여 보상함. (제 13 조)

바. 대여와 관련하여 합중국 법령을 준수하여야 함. (제 22 조) (동일)

(9) 발효 및 개정

본 협정은 서명과 동시에 발효하나 현행협정의 반효일인 1963 년 6 월 30 일 자정 현재로 소급하여 대여에 관련된 모든 특수핵물질에 적용함. (제 2 조 " 가 항 2)

양 당사자는 적당한 시기에 합의에 의하여 본 협정을 개정할수 있음. (제 4 조 " 가 항).

62

○

4. 참고사항

가. 협정안 (별첨 1)

나. 예산조치

(1) 대여받은 물질의 사용료로서 1 회계년도 당 1,200 여불을 원자력원 예산에 책정하고 있음.

(2) 기타의 비용 혹은 예산조치에 관하여는 현재로서는 예상되지 아니함.

다. 관계부처 합의

관계 부처	합 의
원자력원	합 의
법제처	합 의

63

주 아메리카 합중국 대한민국 대사관

여 심 련

주미정 735.1-331   1965. 3. 18.

수 신 : 외 무 부 장 관

참 조 : 원 자 력 원 장

제 목 : 한 미 원 자 력 협 정 개 정

    1. 국무성은 1956 년 2 월 3 일에 한미양국 대표가 조인하고
1958 년 3 월 4 일에 개정한바 있는 한미원자력협정(The Agreement for
Cooperation Between the Government of the United States of America
and the Government of the Republic of Korea Concerning Civil Uses of
                                    Atomic Energy)
의 개정을 별첨과 같이 제의하였음.

    2. 미국이 1966 년 2 월 2 일까지 유효한 전기 협정에 대한 개정
및 기한연장을 서두는 이유는 동협정에 대한 미국회 비준관계로 금년에 개정
절차를 취하지 않으면 시기적으로 늦기때문이라고 함.

    3. 전기 협정개정에 대한 국무성측 설명은 아래와 같음.

        가. 협정유효기간을 10 년간(1976 년 2 월 2 일) 연장하는것.

           (미측 개정안 제 4 조)

        나. 현협정 제 2 조에 사용된 lease   를 transfer 로
대치한것은 한국측에 더욱 융통성을 주기 위한것이며, 이렇게 함으로서 한국은
우라늄을 구입할수도 있음. (미측개정안 제 1 조 a 항)

4

다. 우미측이 미국으로부터 임차 또는 구매 행위로 입수한
원자물질의 재생에 관한 규정을 현협정 제 2 조 ㅇ 항에 추가하였음.
(미측개정안 제 1 조 b 항)

마. 우미측이 임차한 연료(Uranium)   를 사용한 원자로에서
생산되는 원자물질(Plutonium)   의 소유 및 처분에 관한 규정(미측개정안
제 1 조 c 항 E) 및 우미가 구입한 연료를 사용한 원자로에서 생산될 원자
물질에 대한 처분에 관한 규정(미측개정안 제 1 조 e 항 F)을 신설(참고로
Plutonium   의 미국내 가격은 그람당 $8.00 - $10.00 이라고함.)

마. 미측개정안 제 2 조는 동 개정안 제 1 조 ㅇ 항의 개정으로
인한 어구 상의 개정임.

바. 미측개정안 제 3 조는 현협정에 제 7 조 (A)항을 신설할것을
규정하고 있는바 그 내용은 현재 미국이 실시하고 있는 원자력 물질 및 시설에
대한 안전조치를 한미 양당사자 및 IAEA 간의 협정에 의하여 IAEA 당국에
이관하는것인바(제 7 조 (A) 전기 신규정은 미국이 기타국가와 체결한
원자력협정을 renewal   할때 사용하는 standard formula   다고함.
미국은 비율빈, 중국, 희랍, 오지리, 태국, 알젠틴, 노르웨이, 포루갈 및
월남과의 협정개정시에 전기 규정을 신설했다고 하여 참고로 포루갈, 중국, 알젠틴,
희랍과 체결한 개정협정문을 송부함.

4. 본 개정은 미국회에서의 인준절차상 늦어도 오는 5 월 1 일까지는
국회 원자력위원회에 제출되어야 한다고 하오니 전기 기일내에 서명할수 있도록
동 개정안을 검토하신후 그 결과를 4 월 10 일까지 회보하여 주시기 바랍
니다.

기 안 용 지

종류 분류 제목		기안처	조약과 장만순	전화번호 74-2474	근거서류접수일자
		과장	국장 전결		차관 장관

판재판 서 명						
기안 년월일	1965. 3. 27.	시행 년월일		보존 년한	정 서 기 장	
분류기호	외방조 731.5.	전조				
경유수신참조	원자력원장			발신	장관	

제 목 "원자력의 비군사적 사용에 관한 한·미간의 협력을 위한 협정"의 수정협정에 대한 의견 문의.

1. 미국측으로 부어 별첨과 같이 1956년 2월 3일 워싱톤에서 한·미 양국 대표간에 서명되고, 1958년 3월 14일 수정을 한바 있는 표기 협정의 수정을 제의해 왔는 바, 동 수정안을 송부하오니 이를 검토 하시고, 이에 대한 귀원의 의견을 오는 4월 3일까지 회보하여 주시기 바랍니다. 502년

2. 미측이 제의한 수정내용의 주요 골자는 다음과 같습니다.

가) 제 1조

ㄱ) 현행 협정 제2조의 A 및 D 항내의 "lease" 를 "transfer" 로 대치하고,

ㄴ) 제 C 항 전문을 삭제하고 다음과 같이 대치함. 즉 신설된 C 항의 내용은 미국으로 부어 대여 받은

원료 물질 또는 특수 핵물질의 재생에 관한것임.

ㄷ) 현행 협정 제2조에 E 및 F 항을 새로이 추가함.

즉, 미국으로 부여 대여 받은 연료를 사용한 원자로 에서 생산되는 특수 핵물질의 소유에 관한 규정(제1 조 C 항. E)과 미국으로 부여 구독한 연료를 사용한 원자로에서 생산된 특수 핵물질에 관하여, 미국이 이를 구입하고 또한 미국이 이를 구입하지 않는경우 기타 국가에 역사한 물질의 이전을 승인하는 경우에 관한 규정(제1조 C 항. F)임.

나) 제 2 조

제 1조. 가과 마찬가지로 "leased "를 "transferred" 로 대치 하자는것임.

다) 제3조

현행 협정 제7조에 제7조(A) 및 (B)항을 신설할것을 규정하고 있는바. 그 내용은 현재 미국이 실시하고있는 원자력 물질 및 시설에 대한 안전 조치를 함. 비 양 당사자 및 IAEA 간의 3자 협정에 의하여 IAEA 당국에 이관하는것인바. 동 규정은 미국이 기타 국가와 체결한 원자력 협정을 개선할때 사용하는 standard formula 라고함. (참고: 미국은 비율빈. 중국. 희랍...... 노루웨이 및 월남 등과의 협정 수정시에 거기 규정을 신설했다함.)

라) 제 4 조

본조는 기간 연장에 관한것으로서. 협정 유효 기간을 1976. 2. 2일 까지 연장하자는것임.

3. 본건 미국측 국내사정(미 국회 비준 절차를 늦어도오는 5월 1일 까지 제출하여야한다함)으로 임하여 시급을 요함으로 가능한 한 조속히 회보하여 주시기 바랍니다.

4   끝

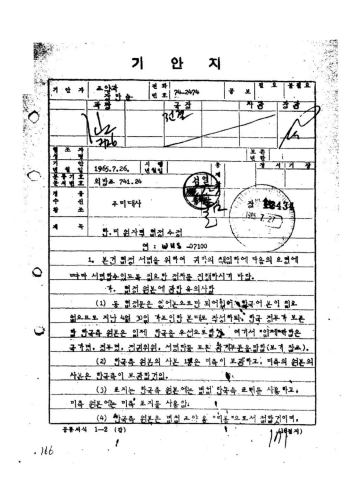

기 안 지

기안자	조약과 조○○	전화 번호 74-2474	공보	필요 불필요

과장	국장	차관	장관

조 자 격			보 존 년 한	
기안 년월일	1965.7.26.	시행일	공지	제 서 기 장
문서기번호	외방조 741.24			
경수 유선조		주미대사		

제 목   한.미 원자력 협정 수정

　　　　　　　　　　　연 : ○○○ -07100

　1. 본건 협정 서명을 위하여 귀○의 책임하에 다음의 요령에
따라 서명할수있도록 필요한 절차를 진행하시기 바람.

　　가. 협정 원본에 관한 유의사항

　　(1) 동 협정문은 영어본으로만 되어있어 한국어 본이 필요
없으므로 지난 4월 30일 가조인함 본대로 작성하되, 한국 정부가 보관
할 한국측 원본은 일체 한국을 우선으로함. 여기서 "일체"라함은
국가명, 접부명, 전권위임, 서명란등 모든 참가부분을말함 (보기 참조).

　　(2) 한국측 원본의 사본 1통은 미측이 보관하고, 미측의 원본의
사본은 한국측이 보관할것임.

　　(3) 표지는 한국측 원본에는 별첨 한국측 표면을 사용하고,
미측 원본에는 미측 표지를 사용함.

　　(4) 한국측 원본은 별첨 조약 용 "미농"으로서 철할것이며,

공통서식 1-2 (갑)　　　　　　　　　　　　　　(○○○)

.166

그 방법은 별첨 "보기"를 참조바람. 미측 원본은 미측 정부의 재량에
따라 첨부되도록할것.

(5) 원본을 첩하는 경우, 서명란을 봉합수있도록, 별첨 "보기"
와 같이 "대봉"의 앞끝을 서명란으로 뽑아내도록함.

(6) 양측 원본의 사본은, 서명과 봉인을 요하지 아니하므로
적당한 방법으로첩함.

나. 서명, 봉인, 날자 기입

(1) 원본의 작성이 완료되면, 서명을 위한 준비의 최종 단계
에서 확정된 서명 날자를 펜으로 기입할것.

(2) 서명은 서명란의 "FOR THE GOVERNMENT OF THE
REPUBLIC OF KOREA "밑에 행함.

(3) 서명시에는 관계직원이 보좌할것.

(4) 원본의 봉인은 미측과 합의해서 행하되, 가급적 서명전에
할것이며, 우리측의 봉인에는 별첨 황색 봉인지를 해당란에풀로 첨부
하고 그위에 철관 대로구 "의 시일함". 미측 봉인은, 그 재량에
에 따라, 봉인지 또는 왁스를 사용 할것으로 대하려니, 그 위에
인장 대의 "어시일" 또는 미측 정부 함 검사 인장 2가지중 어느
쪽이든지좋음. 봉인은 양측 원본에 각각이 행하며, 전술한 바와
같이 "대봉"끝을 뽑아낸 서명란 하단에만 행하면 충분함. (참조:
별첨 "보기")

(5) 서명을 위한 의식(Ceremony)은 미측의 관례에
따르도록함.

다. 기타 유의 사항

(1) 미측이 작성하는 텍스트로는 경우을 기하도록 철저히 검토
바람.

(2) 조약 서명이 끝나는대로, 양측은 각자가 보관할 문서를
상호 확인하고, 이상이 없다고 인정되면 그대로 나누어가짐.

공통서식 1-2 (을)

우리나라측 보존 문서는 한국측 원본과 미측 원본의 사본이며, 미측
보존 문서는 미측 원본과 한국측 원본의 사본임.

　　　(3) 서명시에 상방 전권 위원이 간단한 인사말(Remarks)
을 포함할수있는바. 이는 전권위원의 재량에 따라 미측과 사전 합의
후 취급히 처리바람.

　　　(4) 서명을 위한 제반 준비 절차에있어서, 위에서 설명됨
요.령이외의것은 미측 관계와 귀하의 재량에 따라 적의 처리바람.

　　2. 보고사항

　　　　가. 서울에서의 보도관계상 필요하므로, 서명 일시, 장소
서명자 기타 관계사항을 수시 보고 바람.(WUS-07100)

　　　　나. 서명이 끝나는 대로 즉시 그사실을 보고바람.

　　　　다. 서명이 끝나는 대로 가급적 조속히 다음 문서 및
자료를 송부바람.

　　　(1) 한국측 원본 및 미측 원본의 사본.

　　　(2) 서명시의 인사말, 발표문등이 있을경우 그 텍스트.

　　　(3) 관공 보도자료

　　　(4) 현지 신문기사.

　　　(5) 서명에 관련된 상황 설명.

　　　(6) 기타 참고자료.

우첨: 한국측 원본 "보기" 1부.

　　　조약문 표지 2부.

　　　조약용 "띠봉" 1개.

　　　봉인지 5매

　　　조약 원본 용지 30매.　　　끝

공문서식 1-2 (을)　　　　　　　　　　　　　(16절 지)

165　　　　　　　　　　　　　　　　　　165

원 자 력 협 정

발 신　　 　　-2007　　　　　　　　　　　　1970. 6. 15.
수 신　외부부 장관
제 목　"원자력의 비군사적 이용에 관한 대한민국정부와 미 합중국정부
　　　　간의 협력을 위한 협정" 개정에 따른 의견품의

　　　1. 당성부서는 현재 발효중인 "원자력의 비 군사적 이용에 관한
대한민국정부와 미 합중국 정부간의 협력을 위한 협정을 읽으나 원자력 발전소
도입 설치에 따라 관련 수정할지 시구원자력 위원이의 의견을 구하는 것관내 있음.

　　　2. 본 협정의 주요 내용은 원자력 발전소기 요요하는 많은 양의
U-235 의 공급과 안전상의 비 군사적 사용이라는 안전보장 조치서 IAEA
를 맡어 시킨다는 것임.

　　　3. 미금까지 USAEC 각 장성간에 합의된 수정안은 실질 내지자
같으며 USAEC 에서는 합성 인데 1970. 5. 26 가 서한과 같이 의간의
수정을 당식 지요성이 없으나 모두 등의 어느것도 문저김이 없을 것으로
사료 됩니다.

　　　4. 그러나 지 교조의 수정 지안이 때되지 B 안과 관련된 "인보기
비 약관 조약" 은 현재 서 하 어서는 시설
　　　　　　　　　　　서　　 53250
　　　　　　　　　　　장

4

90

협조 720·1-   96-□□□   □□□□. 6. □.

않았으나 당청의 사업 경편상 USAEC 가 □의간 동 협정 제1조의 수정안을 동의하여도 □ 바라 가□□ 상□ 되는바 이점에 대하기 기간을 조속 확보하여 주시기 비랍니다.

첨 부 1. 원자력의 비 군사적 사업에 관한 대한 민국정부와 미 합중국 정부 간의 협력을 위한 협정 수정 추진 경위   1부.

        2. 협정 수정안   1부.

        3. 1970. 5. 26 USAEC 서한사본   1부.

원   자   력

별첨 1.

원자력의 비군사적 사용에 관한 대한민국 정부와 미합중국 정부간의 협력을
위한 협정 수정 추진 경위

(Agreement for Cooperation between the Government of
the Republic of Korea and the Government of the United
States of America concerning Civil Uses of Atomic
Energy)

1) 현행 협정 내용.

　　가. 원자력의 비군사적 사용에 관한 상호 정보교환.

　　나. 연구용 원자로의 가동에 필요한 핵 연료 (U-235)의 매여 (대여한도 약 6Kg

　　다. 기타 원자력의 비군사적 사용에 관한 상호협정.

2) 개정 취지.

　　현행 협력을 위한 협정은 <u>1956. 2. 3. 체결 2회의 수정을 거쳐</u>
<u>1976. 2. 3. 까지 유효함.</u>

*　협정 개정안이 서명 체결되면 현행 협력을 위한 협정은 신협정으로 대체되고
　신협정 발효일로 부어 30년간 유효하며 주요 내용은 다음과 같음.

　　가. 원자력의 비군사적 사용에 관한 상호 정보교환

✓　나. 연구용 원자로 및 동력로 가동에 필요한 <u>더 많은 양의 핵 연료 (U-235)</u>
　　<u>공급</u>

　　마. 원자력의 비군사적 사용에 따른 안전보장 조치에 관하여서의 국제 원자력
　　기구의 참여

3) <u>협정 개정 진행 경위</u>

　　1968. 6. 18　 **USAEC 의 위원 Dr. Tape**　 께서 원자력 발전 사업 협의차
　　　　　　　　 내한시 협정호 안을 송부 해 줄것을 요청 (비공식)

6

ㅐ

1968. 6. 28. Dr.Tape 로 부어 협정초안 접수 (비공식)

1968. 2. 24. USAEC Mr. Myron B.Kratzer로 부어 협정초안 공식접수

1968. 5. 26. 당청에서는 다음과 같이 4기의 원자력발전소를 앞으로
건설할 것을 고려 이에 필요한 핵 연료 U –235, 55,370Kg 에
2기의 연구용 원자로에 소요되는 연료를 가산하여 우리정부가
미국정부로 부어 대여받을 수 있는 한도량을 동협정 제5조에
55,500 Kg 로 삽입해 줄것을 요구.

동력로 건설 계획 및 우마늄 양

	U –235	건설기간
600 MWePWR원자로	12,838 Kg	1970—1974
600 MWe	12,838 Kg	1971—1976
750 MWe	16,357 Kg	1974—1975
750 MWe	16,757 Kg	1976—1981
	55,370 Kg	

1968. 8. 1. USAEC 서한

협정체결에 있어서 동력로 건설은 협정체결인로 부어 5년내에 확정되는
사업만으로 하고, 연료계산에 있어서는 600 MWePWR원자로(A)에 12,700 Kg,
600 MWe 원자로 (B)는 현재 도입 건설물 원자로형을 프로로로 PWR 자
BWR 의 중간량인 11,000Kg으로 하여 줄것을 제의.
또한 원자로 C , D (각750 MWe)에 대해서는 USAEC 연료 수급 정책상
5년내에 확정되는 사업이 아니므로 현협정에서 삭제해 줄것을 제의

7   89

1965. 10. 20.   닫성 재검요 서한.

연료계산에 있어서 600 MWe PWR   원자로 (A)에 12,700, kg
600 MWe 원자로(B)에 11,000 kg인 USAEC 계산방법에 동의하고,
원자로 C , D에 대해서는 USAEC 재의대로 현 협정에서 삭제
하는데 동의,
대여량에 있어서 닫성에서 보유하게 될 2기의 시험용 원자로에 필요한
핵연료를 추가하도록 요청.

8

기 안 용 지

분류기호: 병조 741-11354
(전화번호   )
건결규정 조   창
건결사항

처리기한		기 안 자	결	재	자
시행일자	70. 10. 2.	조약과 박부열			
보존년한	영 구				

보조기관	차 관	
	차 관 보	
	국 장	
	과 장	

협조: 북미1과장   구미국장

경유수신참조: 주미대사

제목: "원자력의 비군사적 사용에 관한 대한민국 정부와 미합중국 정부 간의 협력을 위한 협정" 체결

　　1956. 2. 에 체결된 표제 협정을 원자력발전소 도입, 설치에 대비하여 신협정으로 대처하고자 그간 아국의 원자력청과 미국의 원자력위원회간에 의견을 교환, 동 협정안의 내용에 대하여 실질적인 합의에 도달, 별첨과 같이 귀 공관을 통하여 공식적인 체결절차를 취하고자 하였으므로 이에 필요한 별첨 자료를 송부하오니 주재국 정부와 교섭하시고 진건상황을 수시 보고하시기 바랍니다.

유 첨: 1. 동 협정 체결 추진경위 1부.

　　　　2. 동 개정(신) 협정안(한국어 및 영어) 1부.

　　　　3. 현 협정과 신 협정안의 대비표 1부.

　　　　4. USAEC 서한 사본 1부.   5. 원자력청 서한 사본 1부.

54
공통서식 1-2-1 (갑)
1987. 4. 4. 승인
163
(18절지) (2급인쇄용지 74g/㎡)
(초 낱 장) (100,000매 인쇄)

외   무   부

발 호 : 741-   1970. 10. 5.

수 신 : 주미대사

제 목 : "원자력의 비군사력 사용에 관한 대한민국 정부와
        미합중국 정부간의 협력을 위한 협정" 체결

        1956. 2. 에 체결된 표제 협정을 원자력 발전소 도입,
설치에 대비하여 신협정으로 대체하고자 그간 아국의 원자력청과
미국의 원자력 위원회간에 의견을 교환, 동 협정안의 내용에 대하여
심진적인 합의에 도달, 별첨과 같이 귀 공관을 통하여 공식적인 체결
절차를 취하기로 하였으므로 이에 필요한 별첨 자료를 송부하오니
주재국 정부와 교섭하시고 진첩 상황을 수시 보고하시기 바랍니다.

우 첨 : 1. 동 협정 체결 추진 경위 1부.
        2. 동 개정 (신) 협정안 (한국어 및 영어) 1부.
        3. 현 협정과 신 협정안의 대비표 1부.
        4.   USAEC   서한 사본 1부.
        5. 원자력청 서한 사본 1부.   끝.

            외   무   부   장   관

55

162

, 1970. 9. 3. 협력 70.5.1 - 부의 (원자력협정 改正) 승인.

원자력의 비군사적 사용에관한 대한민국정부와
미합중국정부 간의 협력을 위한 협정수정추진

1. 현행협정 내용

   가. 원자력의 비군사적 사용에 관한 상호 정보 교환

   나. 연구용 원자로의 가동에 필요한 핵연료(U - 235)의 대여
   (대여 한도량 6 Kg)

   다. 기타 원자력의 비군사적 사용에 관한 상호 협조.

   라. 1956. 2. 3에 체결 2회의 수정을 거쳐 1976. 2. 3까지
   유효

2. 개정하고자 하는 내용

   가. 원자력의 비군사적 사용에 관한 상호 정보 교환

   나. 연구용 원자로 및 동력로 가동에 필요한 양의 핵연료
   (U - 235, 23,900 Kg) 의 공급

   다. 원자력의 비군사적 사용에 따른 안전보장 조치에 있어서의
   국제 원자력기구의 참여

   라. 협정개정(안)이 체결되면 발효일로 부터 30년간 유효

3. 협정 개정 작업 진행경위 및 조치

   가. 1968. 6 원자력 발전사업 협의차 USAEO 의 Tape 박사
   내한시 협정 개정에 관하여 논의

   나. 1969. 2 USAEO 로 부터 협정 초안 접수 그간 당청과
   USAEO간에 협정 내용에 대해 상호 의견을 교환. 의견안
   을 70. 6.24 USAEO 에 송부.

   다. USAEO 와 당청간에 합의된 협정(안)을 외무부에 이송 정
   식 체결 절차를 취할것임.

1

56   283

림림본
72.8.31

의안번호	제 857 호	의
외 결 년 월 일	1972년 월 일 (제 회)	결 사 항

원자력의 민간이용에 관한

대한민국 정부와 미합중국 정부간의 협력을 위한 협정체결

제 출 자	국무위원 김 용 식 (외무부장관)
제출년월일	1972년 8 월 22 일

115

148

1. 의결 주문

정부는 1956년 2월 3일 체결되고 1958년 3월 14일 및
1965년 7월 30일 각각 개정된바 있는 "원자력의 비군사적 사용에
관한 대한민국 정부와 미합중국 정부간의 협력을 위한 협정"을
대치하는 새 협정("원자력의 민간이용에 관한 대한민국 정부와
미합중국 정부간의 협력을 위한 협정")을 체결하기로 한다.
(국회 동의 불요)

2. 제안 이유

가. 교섭 경위

(1) 정부는 미합중국 정부와 1956. 2. 3일 워싱턴에서
원자력의 민간이용에 관한 협정을 체결한바 있으며
동 협정은 1958. 3. 14일 및 1965. 7. 30일 각각
개정된바 있음.

(2) 1968. 6월 미 원자력위원회의 Tape 박사가 원자력
발전사업 협의차 내한하였을 때 원자력청은 현재
건설중인 원자력발전소의 원자로 가동에 필요한
핵연료를 공급 받을 수 있도록 한국측이 협정 개정을
원한다는 의사를 전달 하였음.

-1-

149   114

(3) 1969. 2월 미원자력 위원회는 협정 개정을 위한
초안을 송부하여 왔으며, 이에 대하여 한국측은
각계부처의 의견을 종합하여 1970. 6. 24일
미 원자력위원회에 대안을 제시함.

(4) 1972. 1. 28일 주미대사관에서 미측과 교섭 결과,
협정문안에 대체로 합의를 보았으며, 핵연료의
공급 한도량에 관하여 계속 미측과 교섭하여
1972. 6월 12,900 Kg 의 우라늄 U -235의 공급을
내용으로 하는 새로운 협정체결에 최종합의를 보게
되었음. 동 최종 합의 결과 1972. 8. 1일 양측
실무자간에 워싱턴에서 별첨과 같은 협정문안에
가서명하게 되었음.

나. 체결 의의

(1) 현행 협정에서는 연구용 원자로에 관한 기술협력
내용만이 포함되어 있었으나, 새협정을 체결함으로써
연구용 원자로 외에 현재 건설중인 원자력발전소의
동력용 원자로를 포함하여 이들 원자로의 설계,
건설, 가동 및 기타 원자력의 평화적 이용의 개발에
관한 정보교환 및 한-미 상호간의 기술협력을
확대하도록 되어 있음.

-2-

150   113

(2) 현행 협정에서는 연구용 원자로에 필요한 핵연료
    6 Kg을 공급 받기로 규정되어 있으나, 세협정에서는
    연구용 원자로 및 현재 건설중인 원자력발전소
    제1호기에 필요한 핵연료 12,900 Kg 을 공급 받도록
    되어 있으므로 원자로의 가동을 통한 원자력의
    평화적 이용으로 산업발전에 크게 기여할 것임.

3. 주요 골자

  가. 본 협정은 전문과 15개 조문 및 부록으로 되어 있는 바
      그 주요골자는 다음과 같음.

    (1) 본 협정은 1956. 2. 3일 체결되고 1958. 3. 14일
        및 1965. 7. 30일에 각각 개정된 한-미원자력의
        민간이용에 관한 협정을 대치함.

    (2) 특수핵물질에 관하여 기밀로 분류되지 않은 정보를
        상호 교환함.

    (3) 미국은 한국에 연구용 및 동력용 원자로의 가동에
        필요한 핵연료(우라늄 U -235)를 양도함.
        단, 동 핵연료는 12,900 Kg 을 초과하지 않음.

- 3 -

151

(4) 양국은 본 협정에 의하여 양도된 어떠한 물질,
    장비 또는 장치도 비군사적 목적에만 사용토록
    보장함.

(5) 본 협정에 의하여 양도된 물질, 장비 및 장치에
    대한 안전조치 적용을 위하여 국제원자력기구를
    참여시키고 이에관하여 한, 미, 국제원자력기구간에
    체결된 3자협정을 새로이 개정토록 함.

(6) 본 협정은 양국 정부가 협정 발효를 위한 모든
    법적 및 헌법상의 요건을 충족 하였다는 서면통고를
    접수한 일자에 발효하며, 계속 30년간 유효함.

나. 금번 체결된 새 협정과 이에의하여 대치되는 1956.2.3일자
   현행 협정과의 주요 차이점은 다음과 같음.

	현 행 협 정	새 협 정
(1) 목 적	연구용 원자로의 설계, 건설, 운전 및 기타 원자력의 평화적 이용의 개발에 관한 정보교환을 비롯한 상호 협력.	연구용 원자로뿐만 아니라 동력용 원자로의 설계, 건설, 운전 및 기타 원자력의 평화적 이용의 개발에 관한 정보의 교환을 비롯한 상호 협력.

152

	현 행 협 정	새 협 정
(2) 핵연료의 공 급 량	연구용 원자로에 필요한 핵연료를 6 Kg 한도까지 공급	연구용 원자로 및 경남 동래군 고리에 건설중인 원자력발전소 제 1호기에 필요한 핵연료를 12,900Kg 한도까지 공급
(3) 유효기간	1956. 2. 3일 발효 1976. 2. 2일까지 유효.	새 협정은 현행협정을 대치하며 발효일로부터 30년간 유효.

다. 또한 1975년 착공 예정인 원자력발전소 제 2호기에 필요한
핵연료의 추가공급을 받기 위하여 아래와 같은 양해서한을
양국간에 교환함.

(1) 미국은 한국이 본 협정에 추가하여 1975년 경에
착공할 경수 핵동력원자로 연료용 농축우라늄이
필요할 것임을 양해함.

(2) 미국은 한국의 전기 사업의 중요성을 충분히
감안하고 동 우라늄 공급의 기초를 제공하게 될
본 협정의 개정을 고려할 용의를 가짐.

'53.

4. 참고사항

    가. 협정문 : 한국어 및 영어(별첨 참조)

    나. 별도 예산조치 : 필요없음.

    다. 합의부처 : 과학기술처(원자력청), 경제기획원,

                     상공부, 법제처.

154

과 학 기 술 처

연기 342- 102/0   70-4234   1973. 10. 10.

수신 외무부장관

제목 원자력의 민간 이용에 관한 대한민국 정부 와 미합중국 정부간의
      협력을 위한 협정 개정

1. 방조 741_30976 (73. 7. 27)관련입니다.

2. 미국원자력위원회 (USAEC)가 개정 제의한 표제건에 관하여
당처의 검토의견을 다음과 같이 회신합니다.

        가. 개정안 제 3조 (Article III)의 핵연료 농축계약 한도
            양을 5,000 megawatts 로 함 (1986년까지의 우리나라
            원자력발전 시설용량 계획)

        나. 제 4조 (Article IV)의 본 협정 유효기간을 35년
            으로 함.

        다. 개정안의 일부 자귀를 별첨과 같이 수정함.

3. 본 협정 개정 취지는 USAEC 가 장래 예상되는 핵연료 수요
량의 급증에 대처하기 위하여 1973. 5. 11에 발표한 새로운 핵연료 공급
정책을 반영하기 위한 조치로 사료되며 그 주요골자는 다음과 같습니다.

        가. USAEC 는 핵연료 공급방법을 장기 고정계약으로 하며
            본 고정계약은 최소 핵연료 인도의 8년전에 체결하여야함.

        나. 그러나 본 계약이 발효일로 부어 8년 이전에 핵연료 인도를
            필요로 하는 고객들의 편의를 도모하기 위하여 다음과 같
            이 1회의 과도기간을 둠.

31

연기 342_   1973. 10. 10.

1) 1978. 7. 1이전에 최초의 핵연료의 인도를 필요로 하는 원자로의 경우에 있어서는 1973. 12. 31이전에 계약이 체결되어야 함.

2) 1978. 7. 1과 1982. 6. 30사이에 최초의 핵연료의 인도를 필요로 하는 원자로의 경우에 있어서는 1974. 6. 30 이전에 계약이 체결되어야 함.

4. 이상과 같은 미국의 새로운 핵연료 공급정책에 의하면 75. 6월에 최초 농축 핵연료를 필요로 하는 고리 1호기 및 78. 1월에 최초 농축 핵연료 공급이 필요한 고리 2호기를 위하여 73. 12. 31까지 농축계약이 체결되어야 하며, 이를 위하여는 본 협정이 먼저 개정되어야 합니다.

5. 따라서 본 협정이 73. 12. 31이전에 개정되지 않을 경우에는 고리 1호기 및 2호기에 대한 핵연료 농축계약은 본 협정 개정과 관계없이 농축우라늄을 공급받을 수 있도록 사전 양해가 이루어져야 할것으로 사료 됩니다.

첨부 1. 현행협정과의 주요 차이점

2. 미,일 협정(개정)과의 비교

3. 한국측 수정(안)

4. 핵연료 공급정책 및 농축계약 안내서 사본. 끝.

과 학 기 술 처

32

一. 科学技術處 檢討案

1] 천연우라늄 확보책 강구 필요

(2) Pu 양도에 대한 별도 규정 필요여부 검토

(3) 핵연료 농축계약 한도량을 5000 Mega watt 로 함.

(4) 협정유효기간을 35년간으로 延長.
~~35년의~~ ~~한 유효기~~

二. 科学技術處 代案

(1) i) 7조 C항 (May taransfer → Will transfer 로 고침)

 ii) 7조 B항 (피양도주체에 authorized persons 추가)

 iii) 7조 F항 (사용후는 취급부주의시 규제하자는 문귀 삭제하고
 양도후 반성하는권책임 부담)

 ※ 内容上 큰 차 없는 수정.   비밀 오한 양

(2) 9조의 양도량에 5000 Mwa 발전시설 총량으로함.

(3) ~~有~~ 유효 기간을 30년→35년으로 연장.

三. 美側 改定案의 特色 (現行과 비교)

(1) U-235 공급량 계산에 대한 단위를 변경
 (순두우라늄 양이 아니라 발전시설 총량으로 변경)

(2) 농축우라늄 공급에 따르는 천연 우라늄 공급규정 없음.

63 (3) 수시 합의 또는 약정에 따르는 핵연료 공급이 現行協定

이나 개정안은 고정계약에 의한 핵연료 공급함.

(4) 특수 핵물질의 제3국에 대한 양도 가능성 개방
(一定 條件 下에서)

四. 檢討 意見.

(1) 科學技術處 검토의견중 Pu 양도문제에 대한 별도 규정
신설여부는 필요없다고 생각됨.
∵ 개정안 7조 D항의 "Special nuclear material other
than Uranium enriched in the isotope U-235-"에는
Pu도 포함하는 것으로 해석됨. (참고: 현협 1조 11항)

☑ 개정 7조 A항의 "Subject to the availability of capacity
in Commission facilities for Uranium"은 양해사항의 현협
定의인바 이를 본조에 포함시킨 것은 공급제한의 가능성을
간략히 표시한 것으로 생각됨. 妥當性 如何? (削除)

③ 현행협정에 포함되어있는 발전용 원자로에 대해 개정협정
에 관계없이 핵연료공급 보장 필요하다는 것은 어떤 方法으로
表示한 것인가. (別途規定 or 양해사항으로 표시?) (73. 12. 31 까지)
                                              (개정 전망 없는 경우)

(4) 개정안은 고정계약 체결에 의한 핵연료 공급을 강조
한것으로 보이즈바, 科學技術處의 검토의견및 대안은 이에
관하여 찬부의견 없는 것으로 噲어 긍정적인 것으로
판단 되며, 고정 계약 체결로 불리한 입장에 처할 것으
는 생각되지 않으므로 위 몇가지 點만 檢討 가능이면 개정무방

과 학 기 술 처

연기 342_ *1059*   70_4234   1974. 1. 31.

수신 외무부장관

제목 한,미 원자력 개정 협정 확정안

1. 미경 762_81 (74. 1. 8)관련.

2. 상기 관련 전문으로 송부하여 주신 한,미 원자력협정 확정안
에 관하여 당처는 이의가 없음을 알려 드립니다. 끝.

과 학 기 술 처

정부공문서 규정 제27조 제2항의 규정에 의하여
원자력국장 이 병 휘 전결

99

요 약 보 고
--*-*-*-*-*-*-*

1. 개 요

  미국무성은 1972. 11. 24. 서명되고, 1973. 3. 19. 부터 발효된 원자력의 민간이용에 관한 한.미 협정중 제 7조, 8조, 9조, 15조에 대하여 주미대사관을 통해 개정을 제의함.

2. 미축의 개정제안 이유

  (가) 핵연료 수요의 급증을 예상하여,

  (나) 미국의 외국에 대한 핵연료 공급 Commitment 를 협정으로 묶는 것을 피하고,

  (다) 미국산 핵연료를 미국내 기관에 우선적으로 공급하기 위한 조치라 사료됨.

3. 미축 개정안의 특색

  (가) 현행협정은 수시 합의, 약정 또는 계약에 따라 핵연료 공급한다고 규정하나, 미축 개정안은 장기 고정계약에 따라 핵연료 공급한다고 규정.

  (나) 현행협정이 규정한 농축 우라늄 공급에 따르는 천연 우라늄 공급규정 없음.

100

(다) U-235 공급량의 계산 단위를 변경함.

(현행협정은 순수 우라늄양으로 하나 개정안은 원자로
발전시설 용량에 따른 연료공급을 위한 우라늄
양으로 함.)

(마) 개정안은 현행협정보다 특수 핵물질의 제3국에 대한
양도 가능성을 더 개방함.

4. 과기처 대안 내용

(가) 미측 개정안에 대한 관계부처(경제기획원, 상공부,
과학기술처)의 의견을 과기처가 종합, 대안 마련함.

(나) 대안 내용

1) 미측안 제3조의 핵연료 농축계약 한도량을
5,000 mega watt 로함(현행 고리 제1호기
(600 mega watts)에 필요한 12,900Kg 의 우라늄 한도)

ii) 협정 유효기간을 35년으로 연장.

iii) 미측안의 일부 자귀를 수정함.

5. 참고사항

(가) USAEC 의 핵연료 공급정책(1973. 9. 11. 발표)에
따르면 현재 건설중인 고리 1호기 및 고리 2호기의 핵연료
공급을 위해서는 73. 12. 31. 이전에 농축계약이 체결되어야 하며
따라서 본 협정이 먼저 개정되어야 함.

(나) 본 협정이 73. 12. 31. 이전에 개정되지 않을 경우, 협정개정과 관계없이 건설중인 고리 1호, 2호기에 대한 농축 우라늄 공급 보장 필요함.

(다) 건설중인 원자로는 농축 우라늄을 사용하는 것으로 천연 우라늄 공급은 불필요 하다함.

(마) 과기처 대안중 의견도 농축 계약 한도량은 1986년 까지의 우리나라 원자력 발전시설 용량의 계산치임.

102

Ⅲ급비밀

韓·美 原子力 事業에 關한 討議內容

1976. 1. 24.

科學技術處

Ⅲ급비밀

韓美 原子力 事業에 關한 討議內容

Ⅲ급비밀

1. 韓国의 原子力事業에 關한 韓国政府와
   美国政府와의 非公式 意見交換을 爲하여
   1976年 1月 22日, 23日 兩日間 서울에서
   兩国政府 代表者들이 会合을 가졌음.
   韓国政府側 代表는 崔亨燮 科学技術處
   長官이었고, 美国政府側 代表는 美国務省
   次官代理 Myron B. Kratzer 氏 였음.
   兩国政府 代表는 1956年부터 遂行되어온
   広範囲한 協力에 滿足하였고, 그리하여
   韓国의 原子力發電과 其他 原子力의 平和的
   利用事業이 遂行 되었음을 共認 하였음.

Ⅲ급비밀

ʌ

2. 韓国代表団은 韓国政府가 美国의 関与로 띠라여, 佛蘭西로 부터 研究用 核燃料 再処理 施設을 導入 하는것을 再考 하고 있음을 시사하였음. 또한 이 問題 이 对한 最終決定은 本 会合에서 满足 스러운 結果를 본후에야 이두어 질 것임을 明白히 하였음.

ㅗㅗ

3. 美国政府 代表团은 韓国政府가

研究用 核燃料 再處理 施設의 導入을

再考 하기로 決定을 본 것으로 안다고 前提

하고, 韓国政府가 同事業을 中断해야만

앞으로 韓国政府의 原子力의 平和的 利用

事業에 積極 協助 할 것을 시사하였음.

美国政府 代表団은 이会合을

通하여 広範囲한 分野에 걸쳐 討議할

意思가 있음을 強調하였음. 但, 이 討議内容은

韓国政府가 研究用 核燃料 再処理 施設의

導入을 中断할 경우에 限하여, 具体的인

協力方案을 作成 하게 될 것이며, 또한 必要에

따라서는 積極推進 될 것임을 强調하였음.

美國政府 代表團은 韓國政府가 早速히

이 問題에 對한 決定을 내려 줄 것을 强調

하였음.

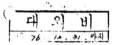

大統領 秘書室長 貴下

題目: 스나이더 美國大使 科學技術處
長官 訪問要談 報告

內容: 1976年 2月 5日 美大使의 要請에
依하여 科學技術處長官室에서
15:00 ~ 15:20까지 있었던 面談
要旨를 別添와 같이 報告합니다.

科學技術處長官 崔 亨 燮 ㉑

面談要旨

參席者 : **韓国側** ~ 科學技術處長官
　　　　　　　　　　原子力局長

　　　　　　美國側 ~ 스나이더 美国大使
　　　　　　　　　　크리브란드 參事官

大使 : 今番 核燃料再處理試驗施設
　　　導入에 関한 韓國政府의 決定에
　　　対하여 深甚한 謝意를 表明하고자
　　　합니다. 이 決定이 이루어 지므로서
　　　難関에 逢着하고 있는 古里 2号
　　　原子力発電所件도 積極 推進될
　　　것입니다.

　　　이를 契機로 原子力以外의 科學技
　　　術分野에 対하여도 보다 幅넓은
　　　協力이 推進될 것입니다.

長官: 核燃料 再處理 試驗施設 導入에
関하여는 討議의 余地가 많으나
大統領 閣下께서 決心하신 것은
韓美間의 傳統的 友好 関係에
立脚한 것입니다.

大使: 4月에 있을 韓·美常設共同委員会
에선 지난번 合意된 바 있는 討議
要旨를 바탕으로 具体的인 問題를
매듭 짓도록 할 生覺입니다.

長官: 韓·美常設共同委員会에서 合意될
案件을 하나하나 事前에 具体的으로
討議하기 為하여 서울에서 優先
実務者級의 事前協議를 마쳐
Washington에서 共同委員会를 갖게
되는 것이 能率的이라고 生覺합니다.
各 個別課題가 具体的 매듭 지워

50

2

지지 않는 儀礼的인 会議는 할
必要조차 없으나 事前에 双方이 充分
히 協議하며 具体化된 后에 会議
를 開催하는 것이 妥当하다고 봅니다.
去般 合意된 事項 以外에도 最近
大統領 閣下께서 말씀이 계신 地下
資源 探查 및 調査分野에도 美国
의 協助가 要請됩니다.

大使: 서울서 事前 準備를 갖춘 后, 이를
委員会에서 決定지운다는 것은 매우
좋은 節次라고 生覚하며 共同委員会를
効果的으로 運用하는데 꼭 必要하다고
生覚되오나 韓国側에서 詳細한
具体案이 되는데로 곧 実務 協議를
하는 것이 좋겠읍니다.

3

地下資源 探査와 調査는 美國에 優
秀한 機關이 많으니 協力이 可能할
것이며 이것도 具体案을 提示해주면
Washington 當局과 協議하여 委員会
案件으로 上程토록 積極努力 하겠으며
別 問題는 없을 것 같습니다.

長官: 마지막으로 韓·美 相互 均等負担에
依한 全般的인 科学技術 協力을
原則으로 하되 現在 有効하게 施
行中에 있는 AID 援助金 (Block
Grant) 制度는 両国의 技術協力을
더욱 深化하는데 有益하게 使用될
수 있다고 生覚되오나 이를 繼續的으로
支援하여 주는 것이 有益하다고 生覚
합니다.

52

4

大使: AID Block Grant 件은 現在
保有하고 있는 資金에서도 쓸 수
있을 것으로 보나 이는 積極
協助하도록 하겠습니다.

長官: 共同委員会 開催에 앞서 美國側의
代表団名單을 通告해주면 이를
上部에 報告하고 이에 따라 우리代
表 構成도 이루어 질 것이라고 봅니다.

大使: Washington 에 報告하여 回信오는대로
通告해 주겠습니다. 끝.

53   5

Memorandum to the Assistant to the President for National Security Affairs from Robert S. Ingersoll regarding a U.S. approach, and Canadian and French attitudes, toward a proposed South Korean nuclear weapons reprocessing plant. Department Of State, 2 July 1975(.S. Declassified Documents Online, link.gale.com/apps/doc/CK2349116042).

4579

DOS
8358
Korea, S

0822

7513363

DEPARTMENT OF STATE
WASHINGTON

July 2, 1975

. . . .
. . . .
. . . .

MEMORANDUM TO THE ASSISTANT TO THE PRESIDENT
FOR NATIONAL SECURITY AFFAIRS

Subject: Approach to South Korea on
Reprocessing

I am forwarding for NSC clearance and your consideration the attached action memorandum (Tab 1), which reflects views received from the interested agencies and has my concurrence. It requests approval to transmit an instruction cable (Tab 2) to Embassy Seoul on ROK reprocessing plans, which State, ACDA, Defense, ERDA and CIA have cleared through the Non-Proliferation Backstopping Committee.

The memorandum responds to Mr. Lodal's request of June 30 for a paper considering various approaches to the ROK on this problem. Since the proposed approach to the ROKG is highly time-sensitive for both diplomatic and Congressional reasons, we believe that both the memorandum and the instruction cable should be considered at the earliest possible time.

Robert S. Ingersoll
Acting Secretary

XGDS-1,2,3

....
....

ACTION MEMORANDUM

Approach to South Korea on Reprocessing

Background

The South Korean Government has been negotiating to
purchase a small pilot scale reprocessing plant from
France which would give them direct access to plutonium
that could be used in nuclear weapons. ....
....
....
....
....
....

Perhaps more than any other likely near-term case
of potential proliferation, South Korea's acquisition of
nuclear weapons would be extremely dangerous and directly
damaging to important U.S. interests. As recognized in
the Korean nuclear policy cable approved at the White
House in March (Tab 2), these effects would be felt even
if Korea were merely to hover at the nuclear threshold,
a prospect which has become more tangible as a result
of President Park's recent press statement that Korea
would exercise its nuclear option if the U.S. removed
its nuclear umbrella.

If Korea has direct access to separated plutonium,
it will eventually be widely assumed that she either has
nuclear weapons or could acquire tham in a short interval.
No special safeguards short of a complete prohibition on
reprocessing and storage of plutonium in South Korea are
likely to provide adequate protection against the most
troublesome contingency ....
.... in which South Korea abrogates some or
all of her safeguards agreements, including those in-
herent in the NPT which she ratified in May.

Reprocessing will not be necessary for the South
Korean nuclear fuel economy for the foreseeable future.
If at some time it should become necessary it could be
provided more safely and economically through regional
plants or supplier services. Of much greater economic
importance are the power reactors for which the South

....
....
.... XGDS-1;2;3 ....

- 2 -

Korean Government is currently negotiating with the
United States and Canada. A request for an Export-
Import Bank loan of $132 million and an additional
$117 million of credits guarantees, to finance South
Korea's purchase of a second U.S. reactor, KORI II, is now
before Congress. We believe this loan and the sale
of the U.S. reactor would be beneficial to South
Korea's economy and could also be arranged in a way
so as to be helpful to our non-proliferation objec-
tives. Exim Bank President Casey has obtained Con-
gressional agreement to postpone hearings on the loan
request pending notification by the Executive Branch
that we are satisfied with the non-proliferation
arrangements relating to the recycling and use of
spent fuel in South Korea. Present indications are
that we will be unable to make the loan unless we can
give the Congress some assurance that South Korea has
cancelled its plans for a national reprocessing plant.

Attitudes of Canada and France

Pursuant to the March policy guidance we have
spoken to the Canadians, in the context of general
nuclear export policy discussions, who have indicated
that the ROK would need to receive Canadian consent
before reprocessing of spent fuel from reactors sold
by Canada. The Canadians indicated serious reservations
about any in-country reprocessing and undertook to co-
ordinate future Korean nuclear assistance policy with
us.

We have also spoken to the French prior to the
recent suppliers' meeting in London, and explained that
we were considering an approach to the ROKG to dis-
courage its acquisition of a reprocessing plant from
France.

- 3 -

Approach to Korea

In the context of ongoing consultations with ROKG
atomic energy officials, we have recently reminded them
of the provision in our Agreement for Cooperation which
we understand gives us a veto over reprocessing of
spent fuel from U.S. reactors supplied to South Korea.
We have requested their confirmation of this understand-
ing and, in response to their expression of interest,
have told them that we would also like to hold further
discussions with them on the broader question of re-
processing in general. After receiving confirmation of
our interpretation of the Agreement, we would propose
to recommend that the Nuclear Regulatory Commission
issue the necessary export license for the fuel already
contracted (and due to be delivered in August) for the
KORI I nuclear power reactor.

Thus far, the Koreans have indicated significant
flexibility in their response to Canadian concerns on
non-proliferation and to our preliminary approaches on
the reprocessing question. . . . .
. . . . we believe
that there is a good possibility that the ROK can be
influenced to abandon its present plans for a national
reprocessing capability. The ROK might participate in
a regional facility, as described in our earlier message
to Ambassador Sneider (Tab 3). Such a plant, which
would be preferably located outside Korea, could meet
their future reprocessing needs both safely and eco-
nomically.

Proposed Course of Action

On the basis of this apparent Korean receptivity
and the willingness of the other nuclear suppliers
(Canada and France) to coordinate their actions with
us, our consensus is that the best approach at this
stage is a relatively limited one, roughly along the
lines proposed in our earlier message (Tab 3). We
would (1) state our concern about Korean national
reprocessing plans and point out that such a develop-
ment could jeopardize U.S. nuclear assistance,

....
....
....
- 4 -

particularly the pending Exim loan for the KORI II
reactor; (2) ask the ROKG not to proceed with its
planned pilot reprocessing plant; but (3) offer
support for the idea of ROK participation in a
multinational regional reprocessing plant for East
Asia. At this stage, the approach would not need
to be more specific about what leverage we would
be prepared to exercise, or about our expectation
that we would be satisfied with a multinational
plant only if located outside of Korea.

We have considered both weaker and stronger
alternatives to the recommended approach. The
weaker alternative would be to make no further
approach to the ROKG, but rely on our rights to
veto the reprocessing of spent fuel from U.S. re-
actors only. However, this would not stop
the construction of the French reprocessing plant
and preclude the ROK from eventually finding
another source of spent fuel. Making no further
approach would thus leave our proliferation con-
cerns open. It would also jeopardize the Exim loan
and with it the Westinghouse sale, given Congressional
reactions, and it would not meet Canadian, French,
or, for that matter, Korean expectations.

....
....
....
....
....
....
....
....
....
....
....
....

We have therefore incorporated our preferred :
course of action in a proposed instruction cable
(Tab 1), which draws upon the earlier message to
Ambassador Sneider and has been re-cleared by State,

....
....

- 5 -

ACDA, Defense, ERDA, CIA and the NSC staff. In order
for this relatively limited approach to have the
maximum positive effect on Korea, the other suppliers
and Congress, we believe it should be made as soon as
possible. After observing its results, we will be
in a better position to consider future courses of
action. If our expectations for this approach are
borne out, we will have significantly complicated
Korean acquisition of a nuclear capability. At the
same time, we expect President Park to continue with
this program, probably on a more covert and delayed
basis. Based on the results of the present preliminary
dialogue on reprocessing, an interagency paper on the
shape and direction of our overall non-proliferation
strategy ············· the interagency review of our
policy in Korea, we will later want to recommend for
your consideration alternative ways of addressing
these underlying problems.

Recommendation:

That you approve the approach outlined above,
and incorporated in the instruction cable to Ambassador
Sneider at Tab 1.

Approve _____   Disapprove _____

Attachments:

- Instruction Cable to Embassy Seoul
- Policy Cable (State 48673)
- Earlier Message (State 135500)

Drafted:ACDA:PWolfowitz:S/P:JKalicki
6/30/75:ext. 27771

Concurrences:

ACDA - Dr. Ikle
C - Mr. Dobbins
EA - Mr. Zurhellen
S/P - Mr. Bartholomew
PM - Mr. Vest
OES - Mr. Bengelsdorf

주요 양자조약 전문(全文)

[조약1] 「원자력의 비군사적 사용에 관한 대한민국 정부와 미합중국 정부간의
협력을 위한 협정」(1956년 체결 최초 협정)

1956년 2월 3일 워싱턴에서 서명
1956년 2월 3일 발효

원자력의 평화적 사용은 모든 인류에게 커다란 전도를 약속하고 있으므로, 또
한 대한민국 정부 및 미합중국 정부는 원자력의 이와 같은 평화적 사용의 발달을
위하여 서로 협력하기를 바라고 있으므로, 또한

몇 가지 종류의 연구용 원자로(이 협정 제10조에서 정의하는 바에 의함)의 설
계 및 개량이 상당히 진전되고 있으므로, 또한

연구용 원자로는 연구에 필요한 양의 방사능 동위원소의 생산 의학적 치료 및
기타 많은 연구활동에 유용하며 동시에 민간의 핵동력을 포함하는 원자력의 기
타 평화적인 사용의 발달에 유용한 핵과학 및 기술에 있어서 귀중한 훈련, 및 경
험을 제공하는 수단이므로, 또한

대한민국 정부는 원자력의 평화적 및 인도적 사용을 구현하기 위한 연구 및 발
전계획을 실현하기를 바라고 있으며 또한 이 계획에 관하여 미합중국 정부와 미
합중국 공업으로부터 원조를 얻기를 바라고 있으므로, 또한

미합중국 원자력위원회(이하 '위원회'라고 칭함)에 의하여 대표되는 미합중국
정 부는 이러한 계획에 있어서 대한민국 정부를 원조하기를 바라므로,
양 당사자는 다음과 같이 합의한다.

제1조

이 협정의 당사자는 제5조의 제한을 조건으로 다음과 같은 방면의 정보를 서로 교환한다.

  가. 연구용 원자로의 설계 건조 및 운영과 연구상, 개발상 및 기술상 용구로서 또한 의학적 치료에 있어서의 연구용 원자로의 사용
  나. 연구용 원자로의 운영과 사용에 관련되는 보건 및 안전에 관한 문제
  다. 물리학적 및 생물학적 연구, 의학적 치료, 농업 및 공업에 있어서의 방사능 동위원소의 사용

제2조

  가. 위원회는 이 조항에서 규정하는 조건에 따라 대한민국 정부가 위원회와 협의하여 건조하기를 결정하는 연구용 원자로의 운영을 위하여 최초의 연료 및 대치를 위한 연료로서 필요하며, 또한 그에 관련하여 합의된 실험을 위하여 필요한 동위원소'우라늄' 제235호(u-235)가 농축되어 있는 '우라늄'을 대한민국 정부에 대여한다. 또한 위원회는 대한민국 정부가 위원회와 협의하여 그의 관할 하에 있는 사인 또는 사적 기관에 대하여 건조하고 또한 운영할 것을 허가한 연구용 원자로의 운영을 위한 최초의 연료 및 대치를 위한 연료로서 필요한 동위원소'우라늄' 제235호(u-235)가 농축된 '우라늄'을 이 조항에 규정되어 있는 조건에 따라 대한민국 정부에 대여한다. 단, 대한민국 정부는 이 협정의 규정 및 대여 협정의 관계규정을 준수할 수 있도록 자재 및 원자로의 운영을 항상 충분히 관리하여야 한다.
  나. 위원회가 이관한 것으로서 대한민국 정부가 관리하는 동위원소 '우라늄' 제235호(u-235)가 농축된 '우라늄'의 양은 어떤 경우에 있어서도 '우라늄' 제235호(u-235)가 최대한 20'퍼센트'까지 농축된 '우라늄'속에 함유되어 있는 u-235의 양에 있어 6'키로그램'을 초과하지 못한다.

단, 전기 물질의 6'키로그램'의 최대효력을 가능케 하는 것이 위원회
의 의도이므로 대치된 연료요소가 대한민국 내에서 방사적으로 냉각
되고 있는 기간 또는 연료요소가 전환되고 있는 기간, 원자로의 효과
적이며 또한 계속적인 운영을 허용할 필요가 있다고 위원회가 인정하
는 양은 이를 추가한다.

다. 위원회가 대여한 '우라늄' 제235호(u-235)를 포함하고 있는 연료요소
를 대치할 필요가 있을 경우에는 그 연료요소는 이를 위원회에 반환하
여야 하며 또한 합의가 있을 경우를 제외하고는 조사된 연료요소의 형
상 및 내용은 그것이 원자로로부터 제거된 후 위원회에 인도되기 전에
변경되어서는 안된다.

라. 동위원소 '우라늄' 제235호(u-235)가 농축된 '우라늄'의 본조에 의한
대여는 상호간 합의되는 요금에 의하며, 또한 적하와 인도에 관하여서
도 상호간 합의되는 조건과 제6조 및 제7조에 규정하는 조건에 의하
여 이를 행한다.

제3조

위원회는 그 공급이 가능한 것을 조건으로 상호간 합의하는 바에 의하여 대한
민국 정부 또는 그 관할하에 허가를 얻은 자에게 대하여 시장에서는 수입될 수
없으며 한국에 있어서 연구용 원자로의 건조와 운영에 필요한 원자로용 물질을
특수 핵물질을 제외하고 위원회가 적당하다고 인정하는 방법으로 매도 또는 대
여한다. 이러한 물질의 매도 또는 대여는 합의되는 조건에 의하여 이를 행한다.

제4조

본조에서 규정하는 바에 의하여 대한민국 또는 미합중국 내의 사인과 사적 기
관은 타방 국가의 사인과 및 사적 기관과 직접 협상할 수 있는 것으로 한다. 따라
서 제1조에 규정한 합의된 정보교환의 대상에 관하여 미합중국 정부는 그 관할

하에 있는 자가 대한민국 정부와 그 관할하에 있으며 동 정부가 자재의 수령 및 소유와 역무의 이용을 허가한 자에 대하여 설비와 장치를 포함하는 자재를 이양 및 수출하고 또 그를 위하여 역무를 제공함을 허가한다. 단, 이하의 조건에 服해야 한다.

    가. 제5조의 제한

    나. 대한민국 정부와 미합중국 정부의 관계법규 및 면허요건

제5조

기밀자료는 이 협정에 의하여 통보되지 아니하며 물자 또는 시설과 장치의 이양 또는 역무의 제공이 기밀자료의 통보를 포함하는 경우에는 그러한 물자 또는 시설과 장치의 이양 또는 역무의 제공은 대한민국 정부 또는 그 관할하에 있으며 그의 허가를 받은 자에게 대하여 이를 행하지 않는다.

제6조

가. 대한민국 정부는 위원회로부터 대여받은 동위원소 '우라늄' 제235호 (u-235)가 농축된 '우라늄'이 이 협정에 의하여 합의된 목적만을 위하여 사용될 것을 보장하고 또한 동물질의 안전한 보관을 보장하기 위하여 필요한 안전조치를 유지할 것을 동의한다.

나. 대한민국 정부는 대한민국 정부 또는 그 관할하에 있고 그 허가를 받은 자가 이 협정에 의하여 구입한 설비와 장치를 포함한 다른 모든 원자로용 자재가 별도 협의가 없는 한 대한민국 정부가 건조하고 운영할 것을 결정하는 연구용 원자로의 설계 건조 및 운영 그리고 이에 관련한 연구목적에만 사용될 것을 보장하기 위하여 필요한 안전조치를 유지할 것을 동의한다.

다. 이 협정에 의하여 건조된 연구용 원자로에 관하여 대한민국 정부는 원자로의 출력수준 및 연료의 연소에 관한 기록을 유지하고 또한 이러한

사항에 관하여 위원회에 매년 보고를 제출할 것을 동의한다. 대한민국 정부는 위원회의 요청이 있을 경우에는 그가 대여받은 자재의 상태 및 사용을 위원회의 대표가 수시로 시찰하고 또한 그 자재가 사용되고 있는 원자로의 운영상태를 시찰할 것을 허용한다.

제7조

1954년 미합중국 원자력법에 규정된 보장

대한민국 정부는 다음의 사항을 보장한다.

가. 제6조에 규정된 안전조치가 유지될 것.

나. 대한민국 정부 또는 그 관할하에 있고 그의 허가를 받은 자에 대하여 이 협정에 따라 대여 매도 또는 기타의 방법으로 이양된 설비 및 장치를 포함한 자재가 원자병기, 원자병기에 관한 연구 또는 그의 발전에 관한 연구 또는 기타의 군사목적에 사용되지 않을 것, 그리고 설비와 장치를 포함하는 자재가 허가되지 않은 자에게 또는 대한민국 정부의 관할 밖으로 이양되지 않을 것, 단, 위원회가 타 국가에의 그러한 이양을 동의하고 동시에 위원회가 그러한 이양이 미합중국과 해타 국가간의 협력을 위한 협정의 범위에 있다고 인정하는 때는 예외로 한다.

제8조

이 협정은 1956년 2월 3일에 발효하여 1966년 2월 2일까지 계속하여 유효하며 상호간 합의되는 바에 따라서 갱신된다.

이 협정이 실효하는 경우에 있어서 또는 연장된 기간이 만료할 경우에 있어서 대한민국 정부는 위원회가 대여한 원자로용 연료를 포함하는 모든 연료요소 및 위원회가 대여한 기타 모든 연료물질을 미합중국에 인도하여야 한다. 여사한 연료요소 및 연료물질을 위원회가 지정하는 합중국 내의 장소에서 대한민국 정부의 비용으로 위원회에 이를 인도하여야 하며 그러한 인도는 운송중 방사능에 의

한 위험에 대한 적당한 보호조치하에서 이를 행하여야 한다.

제9조

협력을 위한 이 최초협정은 동력생산용 원자로의 설계 건조 및 운영등에 걸친 더 한층의 협력을 고려하게 될 것이라는 것이 당사자간의 희망과 기대이다. 따라서 당사자는 한국에 있어서 원자력에 의한 동력생산에 관한 협력을 위한 추가협정의 가능성에 관하여 상호간 수시로 협의한다.

제10조

이 협정의 목적을 위하여

　　가. '위원회'는 미합중국 원자력위원회 또는 동 위원회의 정당한 위임을 받은 대표자를 말한다.

　　나. '설비 및 장치'는 기계 또는 기구를 말하며 또한 이 협정에서 규정한 연구용 원자로 및 그 구성부분품을 포함한다.

　　다. '연구용 원자로'는 일반적인 연구 및 개발의 목적 의학적 치료 또는 핵과학 및 기술의 훈련을 위한 중성자 및 기타 방사능 물질을 생산하도록 설계된 원자로를 말한다. 이 용어는 동력용 원자로 동력시험용 원자로 또는 특수핵물질의 생산을 주목적으로 설계한 원자로를 포함하지 않는다.

　　라. '기밀자료' '원자병기' 및 '특수핵물질'이라는 용어는 1954년 미합중국 원자력법에서 정의된 바와 같은 뜻으로 이 협정에서 사용된다.

이상의 증거로서 이 협정의 당사자는 정당히 부여된 권한에 의하여 이 협정을 실시케 한다.

1956년 2월 3일 '워싱턴'에서 2통을 작성한다.

대한민국 정부 대표
대한민국 주미대사 양 유 찬

미합중국 정부 대표
극동문제담당 국무차관보 walter s. robertson
미합중국 원자력위원회 위원장 lewis l. strauss

1958년 3월 14일 워싱턴에서 서명 1958년 5월 22일 발효

대한민국 정부와 아메리카합중국 정부는 1956년 2월 3일에 서명된 '원자력의 비군사적 사용에 대한 대한민국 정부와 아메리카합중국 정부간의 협력을 위한 협정'(이하 '협력을 위한 협정'이라 한다)을 개정하기를 희망하였으므로,

다음과 같이 합의하였다.

제1조

'협력을 위한 협정' 제1조를 다음과 같이 개정한다.

　　'a. 이 협정의 당사자는 제5조의 제한에 따르는 것을 조건으로 하여 다음의 분야에 있어서의 정보를 서로 교환한다.

　　　　1. 연구용 원자로의 설계, 건설, 운영과 연구, 개발, 기술상용구로서 또한 의학적 치료에 있어서의 연구용 원자로의 사용

　　　　2. 연구용원자로의 운영과 사용에 관련되는 보건 및 안전에 관한 문제

　　　　3. 물리학적, 생물학적 연구, 의학적 치료, 농업 및 공업에 있어서의 방사능 동위원소의 사용

　　b.이 협정에 의거하여 교환된 설계도 및 명세서를 포함하여 그 종류 여하를 막론하고 어떠한 정보 또는 자료라도 그 적용과 사용은 여사한 정보와 자료를 접수하고 사용하는 당사국의 책임이며, 타협조당사국은 여사한 정보 또는 자료를 특별히 사용하거나 적용하는데 대하여 그 정확성, 완전성 또는 적합성을 보증하지 아니하는 것으로 양해한다.'

제2조

다음의 조항을 '협력을 위한 협정' 제3조 직후에 새로이 추가한다.

'제3조 (a)'

'대한민국 정부가 인수한 원자력의 평화적 사용에 관한 전기 연구계획과 관련하여 원료물질, 특수핵물질, 부산물, 기타 방사능동위원소 및 안정동도위원소를 포함한 중요물질은 핵물질이 거래의 대상으로 이용되지 아니하는 경우에 합의되는 양과 조건하에 연구목적으로 위원회에 의하여 대한민국 정부에 매도 또는 양도된다.

단 여하한 경우에도 본조항에 의거하여 양도받음으로써 대한민국 정부의 관할하에 있게되는 특수핵물질의 분량은 일시에 합유 우라늄 235호 100그람, 푸로토늄 10그람, 우라늄 233호 10그람을 초과할 수 없다.'

제3조

1. '협력을 위한 협정' 제6조 a항은 '위원회로부터 대여받은 동위원소 우라늄-235호의 농축된 우라늄'의 귀절을 삭제하고, 그 대신 '위원회로부터 인수된 특수핵물질'이라는 귀절로 대치하도록 수정한다.
2. 다음 신항을 '협력을 위한 협정' 제6조에 추가한다.
   'd. 대한민국 정부가 본협정에 의거하여 위원회에 대하여 제공을 요청할 약간의 원자력물질은 신중히 조작하고 사용하지 아니하는 한 인명과 재산에 유해하다. 대한민국 정부는 여사한 물질을 인수한 후, 전기 물질의 안전한 조작과 사용에 대하여 미합중국정부에 관한 한 모든 책임을 부담한다. 위원회가 본협정에 의거하여 대한민국 정부 또는 그 관할하에 있는 사인 또는 사적기관에 대하여 대여하는 특수핵물질 또는 연료자료에 관하여 위원회로부터 대한민국 정부 또는 그 관할하에 있는 인가된 사인 또는 사적 기관에 대하여 인도된 후, 대한민국 정부는 전기 특수핵물질 또는 연료자료의 생산 또는 조성, 소유, 대여, 그리고 점유 및 사용으로 인하여 발생하는 여하한 원인에 기인되는 책임일지라도 (제3국의 책임을 포함) 이에 대하여 미합중국정부로 하여금 면책케 하며, 또한 손해를 입히지 아니하도록 한다.'

제4조

이 개정협정은 각 정부가 여사한 수정협정의 효력발생에 필요한 모든 헌법상 및 법률상의 요건을 충족하였다는 타 정부로부터의 서면통고를 접수하는 일자에 효력을 발생하며, '협력을 위한 협정'이 존속하는 기간중 유효한다.

이상의 증거로서, 정당히 권한을 위임받은 하기자는 이 개정협정에 서명하였다. 1958년 3월 14일 워싱턴에서 2통을 작성하였다.

대한민국 정부를 위하여
주미대사 양 유 찬
아메리카합중국 정부를 위하여
극동문제담당 국무차관보 제임스 g. 파슨스
아메리카합중국 원자력위원회 위원 윌라드 f. 리비

[조약 3] 「원자력의 비군사적 사용에 관한 대한민국 정부와 미합중국 정부 간의 협력을 위한 협정 수정」(1956년 협정의 2차 개정)

1965년 7월 30일 워싱턴에서 서명
1966년 1월 28일 발효

대한민국 정부와 아메리카합중국 정부는 1956년 2월 3일 워싱턴에서 서명되고 1958년 3월 14일 워싱턴에서 서명된 협정에 의하여 수정된 "원자력의 비군사적 사용에 관한 대한민국 정부와 아메리카합중국 정부간의 협력을 위한 협정"(이하 "협력을 위한 협정'이라고 칭함)을 수정하기를 희망하므로,

다음과 같이 합의한다.

제1조

협력을 위한 협정 제2조를 다음과 같이 수정한다.

ㄱ) (가) 및 (라)항에서 사용되고 있는 "대여"라는 용어를 "양도"라는 용어로 대치한다.

ㄴ) (다)항 전체를 삭제하고 그 대신 다음과 같이 대치한다.

"다. 아메리카합중국으로부터 인수받은 방사선원 또는 특수 핵물질이 재처리를 요할 때, 여사한 재처리를 추후 합의되는 조건에 따라, 위원회의 시설이나 위원회가 수락할 수 있는 시설에서 위원회의 재량에 따라 수행되어야 할 것에 합의한다. 또한 별도로 합의하는 경우를 제외하고는, 여하한 조사(照射)된 연료의 형태 및 내용도, 그것이 원자로로부터 제거된 후, 또한 재처리를 위하여 위원회나 위원회가 수락할 수 있는 시설에 인도되기 전까지는 변경되어서는 아니될 것을 양해한다.

ㄷ) (마) 및 (바)의 새로운 항을 제2조에 추가한다.

"마. 조사과정의 결과, 대여받은 연료의 부분에서 생산된 특수핵물질은 이를 대한민국 정부의 계정으로 하며, 본조 (다)항에 규정된 재처리 후에는, 대한민국 정부에 이전한다. 동 반환시기에, 여사한 물질에 대한 권원은 대한민국 정부에 이어진다. 단, 아메리카합중국 정부는, 대한민국 정부에 대한 적절한 신용 대부로서, 대한민국이 원자력의 평화적 사용에 대한 그의 계획에 있어서 여사한 물질에 대한 필요를 초과하는 특수핵물질을 보유하도록 여기에서 허용된 선택권을 행사하지 아니하여야 한다.

"바. 본조 (마)항에 언급된 선택권에 따르지 않고, 또한 아메리카합중국에서 획득한 물질을 연료로 한 원자로에서 생산된 특수 핵물질로서, 대한민국이 원자력의 평화적 사용을 위한 계획에 있어서 여사한 물질에 대한 필요 초과량에 관하여, 아메리카합중국 정부는, (ㄱ) 아메리카합중국 정부와의 협력을 위한 협정의 조건에 따라 연료가 공급된 원자로에서 생산된 특수 핵물질에 대하여, 그 당시 아메리카합중국의 정상 가격으로 여사한 물질을 구매하는 우선적인 선택권을 가지며 또한 이것이 허여된다. 또한, (ㄴ) 동구매 선택권이 행사되지 않을 경우에는, 타국 또는 타 국가군에 여사한 물질 이전에 대한 승인권을 가진다.

제2조

협력을 위한 협정의 제6조 (다)항의 "대여된"이란 용어를 삭제하고 그 대신 "이전된"이란 용어로 대치하도록 수정한다.

제3조

협력을 위한 협정 제7조 직후에 다음 조항을 새로이 추가한다.

제7조 (가)

"가. 대한민국 정부와 아메리카합중국 정부는, 국제 원자력 기구의 시설 및 용역의 이용에 대한 소망을 인식하여, 협력을 위한 협정의 안전조치에 따를 것을 조건으로 물질 및 시설에 대한 안전조치의 적용 책임을 지도록 동 기구에 즉시 요청할 것에 합의한다.

동 기구의 안전조치가 여사한 물질과 시설에 적용되는 기간중 및 범위까지, 본 협정 제6조에 의하여 위원회에 부여되는 안전조치권의 중지에 관한 규정을 포함하는 당사국과 기구간에 협상될 협정에 의하여, 본 협정을 수정하지 않고 필요한 약정을 발효시키도록 한다."

"나. 당사국은 본조 (가)항에 규정된 3자 약정의 조건에 관하여 상호 만족할 만한 합의에 도달하지 못하는 경우, 일방 당사국은 통고에 의하여 본 협정을 종결시킬 수 있다. 일방당사국에 의하여 종결되는 경우, 아메리카합중국 정부의 요청에 따라, 대한민국 정부는, 본 협정에 따라 인수하여 소유하고 있거나 그의 관할하에 있는 자가 소유하고 있는 모든 특수 핵물질을 아메리카합중국 정부에 반환하여야 한다. 아메리카합중국 정부는 그 당시 국내적으로 실시되고 있는 합중국 위원회의 경상 가격표에 따라, 대한민국 정부에 여사한 반환물질에 대한 보상을 한다.

제4조

협력을 위한 협정 제8조의 첫 문장 "1966년 2월 2일"을 삭제하고, 그 대신 "1976년 2월 2일"로 대치하도록 수정한다.

제5조

본 수정은 각 정부가 협정의 효력발생에 필요한 모든 법령상 및 헌법상 요건을 충족하였다는 서면 통고를 타방국 정부로부터 접수하는 날짜에 효력을 발생하며, 수정된 바에 따라, 협력을 위한 협정의 존속 기간중 유효하다.

이상의 증거로서 정당히 권한을 위임받은 하기 서명자는 본 수정협정에 서명하였다.

1965년 7월 30일 위싱톤에서 2통을 작성하였다.

대한민국 정부를 위하여   아메리카합중국 정부를 위하여
(서명)김 현 철   (서명)사무엘 디. 버거

1972년 11월 24일 워싱턴에서 서명
1973년 3월 19일 발효

대한민국 정부와 미합중국 정부는,

1956년 2월 3일 "원자력의 비군사적 사용에 관한 대한민국 정부와 미합중국 정부간의 협력을 위한 협정"에 서명하였고, 동 협정은 1958년 3월 14일 및 1965년 7월 30일 각각 서명된 협정들에 의하여 개정되었으며, 또한

대한민국 정부와 미합중국 정부는 동력용 원자로 및 연구용 원자로의 설계, 건설 및 가동과 원자력의 기타 평화적 이용의 개발에 관한 정보의 교환을 포함하여 원자력의 평화적 및 인도적 이용의 실현을 목표로 하는 연구 및 개발계획을 추구하기를 희망하며, 또한

대한민국 정부와 미합중국 정부는 상기 목적을 달성하기 위하여 상호 협력하기 위한 본 협정을 체결하기를 희망하며, 또한

양 당사자는 본 협정이 1956년 2월 3일 서명되고 개정된 "원자력의 비군사적 사용에 관한 대한민국 정부와 미합중국 정부간의 협력을 위한 협정"을 대치할 것을 희망하여,

양 당사자는 다음과 같이 합의한다.

제1조

본 협정의 적용상,

    (1) "양 당사자"라 함은 대한민국 정부와 미합중국 정부를 대신하는 위원회를 포함한 미합중국 정부를 말한다. "당사자"라 함은 상기 양 당사자

의 일방을 말한다.

(2) "위원회"라 함은 미합중국 원자력위원회를 말한다.

(3) "원자무기"라 함은 장치의 운반 및 추진수단을 제외하고(동 수단은 장치로부터 분리시킬 수 있고 분할시킬 수 있는 것임) 원자력을 이용하는 장치를 말하며, 그 주요 목적은 무기, 무기원형 또는 무기 시험장치로서 사용하거나 또는 이러한 것들을 개발하는데 있다.

(4) "부산물질"이라 함은 특수핵물질의 생산 또는 이용과정에 부수하여 방사선에 노출됨으로서 생성되거나, 또는 방사성을 가지게 되는 방사성물질(특수핵물질을 제외함)을 말한다.

(5) "장비와 장치" 및 "장비 또는 장치"라 함은 기기, 기구 또는 시설을 말하며, 원자무기를 제외하고 특수핵물질을 이용하거나 또는 생산할 수 있는 시설 및 그 구성부분을 포함한다.

(6) "주체"라 함은 개인, 법인, 조합, 상사, 협회, 신탁회사, 부동산 회사, 공적 또는 사적기관, 단체, 정부기관, 또는 정부기업체를 말하며, 본 협정의 양 당사자를 포함하지 아니한다.

(7) "원자로"라 함은 우라늄, 플루토늄 또는 토리움을 이용하거나 또는 우라늄, 플루토늄 또는 토리움을 결합함으로써 자체의 분열 연쇄반응을 유지할 수 있는 원자무기 이외의 기타 기구를 말한다.

(8) "기밀자료"라 함은 (a) 원자무기의 설계, 제조 또는 이용 (b) 특수핵물질의 생산, 또는 (c) 에너지 생산을 위한 특수핵물질의 사용에 관련되는 모든 자료를 말하며, 관계당국이 기밀자료의 범주에서 제외하였거나 또는 기밀로서의 취급이 해제된 자료를 포함하지 아니한다.

(9) "안전조치"라 함은 원자력의 평화적 이용에 공여되는 물질, 장비 및 장치가 군사적 목적을 촉진하는데 사용되지 아니할 것을 보장하기 위한 통제 체계를 말한다.

(10) "선원물질"이라 함은 (a) 일방당사자에 의하여 선원물질로 결정된 우

라늄, 토리움 또는 기타 물질, 또는 (b) 일방 당사자가 수시로 결정하는 농축도 속에 1개 또는 그 이상의 상기 물질이 함유된 광석을 말한다.

(11) "특수핵물질"이라 함은 (a) 일방당사자에 의하여 특수핵물질로 결정된 풀루토늄, 동위원소 u-233 또는 u-235의 농축우라늄 및 기타물질 또는 (b)   상기물질에 의하여 인공적으로 농축된 물질을 말한다.

(12) "대치된 협정"이라 함은 1956년 2월 3일 양 당사자에 의하여 서명 체결되어 1958년 3월 14일 및 1965년 7월 30일 서명된 협정들에 의하여 각각 개정된 대한민국 정부와 미합중국 정부간의 협력을 위한 협정을 말한다.

제2조

a. 본 협정의 제규정, 인원 및 물질의 이용 가능성과 각자의 국내 현행 적용법률, 규칙 및 면허요건에 따를 것으로하여, 양 당사자는 원자력의 평화적 목적을 위한 이용을 성취함에 있어서 상호 협력한다.

b. 기밀자료는 협정에 따라서 수수되지 아니하며, 어떤 물질, 또는 장비와 장치의 양도 또는 용역의 제공이 기밀자료의 수수와 관계될 경우에는 본 협정에 의거하여 동 물질 또는 장비와 장치가 양도되지 아니하며, 용역도 제공되지 아니한다.

c. 본 협정은 양 당사자가 수수하는 것이 허용되지 아니하는 정보의 교환을 요구하지 아니한다.

제3조

제 2조의 규정에 따를 것으로 하여, 양 당사자는 원자력의 평화적 이용 및 동 이용에 관련되는 보건 및 안전의 문제에 관하여 기밀로 취급되지 아니하는 정보를 교환한다. 본조에 규정된 정보의 교환은 보고서, 회의 및 시설방문을 포함한

제수단을 통하여 이행되며, 또한 다음과 같은 분야의 정보를 포함한다.

    (1) 연구용, 물질시험용, 실험용, 시범동력용 및 동력용 원자로와 원자로 실험의 개발, 설계, 건설, 가동 및 이용

    (2) 방사성 동위원소와 선원물질, 특수핵물질과 부산물질의 물리학적 및 생물학적 연구, 의학, 농학 및 공업에의 사용

    (3) 상기 언급한 것들에 관련되는 보건 및 안전문제.

제4조

a. 제 3조에 규정되어 있고 또한 제 2조의 규정에 따를 것으로 하여, 원자로 및 원자로 실험을 위한 연료공급을 제외한 기타의 목적을 위한 선원물질, 중수, 부산물질, 기타 방사성 동위원소, 안전동위원소 및 특수핵물질을 포함하여 합의된 정보교환 사항에 관련된 해당물질은, 동 물질을 상업적 방법으로 구득할 수 없는 경우에, 합의하게 되는 일정량과 조건에 따라 지정된 사용을 위하여 양 당사자간에 양도될 수 있다.

b. 제 2조의 규정에 따를 것으로 하고 또한 합의되는 조건에 따라, 양 당사자의 전문 연구시설과 원자로 물질시험 시설은, 동 시설을 상업적 방법으로 구득할 수 없는 경우에, 공간 시설 및 편리하게 이용할 수 있는 인원의 범위에 맞추어 상호 이용을 위하여 제공될 수 있다.

c. 제 3조에 규정되어 있고 또한 제 2조의 규정에 따를 것으로 하여 합의된 정보교환 사항에 관하여, 장비 및 장치는 합의되는 조건에 따라 일방당사자로부터 타방 당사자에게 양도될 수 있다. 동 양도는 이전시의 공급량부족 또는 기타 사정으로 부터 야기될 수 있는 제한에 따르도록 인정된다.

제5조

본 협정 또는 대치된 협정에 따라 양 당사자간에 교환되었거나 또는 양도된 정보(설계서 및 명세서 포함), 물질, 장비 및 장치의 응용 또는 사용에 대해서는 그

것을 접수하는 당사자가 책임을 지며, 타방 당사자는 동 정보의 정확성과 완전성을 보장하지 아니하고, 또한 정보, 물질, 장비 및 장치의 특정사용 또는 응용에 대한 적합성을 보장하지 아니한다.

제6조

a. 원자력의 평화적 이용에 관하여, 일방당사자 또는 그 관할 하의 권한을 위임받은 주체와 타방 당사자 관할 하의 권한을 위임받은 주체간에 장비, 장치 및 특수핵물질을 제외한 기타의 물질을 양도할 목적으로 그리고 동 목적에 관련된 용역을 이행시키기 위하여 약정이 체결될 수 있음을 양해한다.

b. 원자력의 평화적 이용에 관하여, 일방당사자 또는 그 관할하의 권한을 위임받은 주체와 타방 당사자 관할 하의 권한을 위임받은 주체간에 제 4조 및 제 7조에 명시된 사용을 위하여 또한 제 8조의 관계규정과 제 9조의 규정에 따를 것으로 하여 특수핵물질의 양도 및 동 양도에 관련된 용역의 이행을 위하여 약정이 체결될 수 있음을 양해한다.

c. 양 당사자는 본조 a항 및 b항에 언급된 활동이 제 2조의 제한에 따르고 또한 본조 a항 및 b항에 언급된 바의 권한을 위임받은 주체에 관련된 업무에 대한 양 당사자의 정책에 따르도록 할 것에 합의한다.

제7조

a. 본 협정의 기간동안 또한 아래에 규정된 바에 따라, 위원회는 대한민국 정부 또는 제 6조에 의하여 대한민국 정부 관할 하의 권한을 위임받은 주체에 대하여, 합의되는 조건에 따라, 본 협정의 부록에 기술되어 있는 동력용 원자로 계획에 따른 연료로서 ?p용하기 위한 동위원소 u-235의 농축우라늄에 대한 대한민국의 모든 필요량을 공급한다. 동 부록은, 제 9조에 설정된 양의 제한에 따를 것으로 하여, 본 협정은 변경시키지 아니하고 양 당사자의 상호 합의에 의하여 수시로 개정될 수 있다.

(1) 위원회는 동위원소 u-235의 농축우라늄의 생산 또는 농축 또는 생산과 농축의 양자를 위하여 미합중국의 피허가자와 동등한 한도까지 대한민국 정부 또는 그 권한을 위임받은 주체의 계정을 설정함으로서 동위원소 u-235의 농축우라늄을 제공한다. (용역 약정에 따른 농축우라늄의 특별한 공급에 관련하여 필요로 하는 천연우라늄이 대한민국 정부 또는 그 권한을 위임받은 주체에 대하여 적절하게 제공되지 않고 있음. 적시에 통고받게 되면, 위원회는 합의되는 조건에 따라 필요한 천연우라늄을 공급할 수 있도록 준비한다.)

(2) 본조 a (1)항의 규정에 불구하고, 대한민국 정부 또는 그 권한을 위임받은 주체가 요청하는 경우, 위원회는 그 선택에 따라 동위원소 u-235의 농축우라늄을 합의되는 조건하에 매도할 수 있다.

b. 위원회는 합의에 따라, 연구, 물질 시험용, 실험용 원자로와 원자로 실험을 포함하여 지정된 연구응용을 위한 연료로서 사용할 수 있도록 동위원소 u-235의 농축우라늄을 대한민국 정부 또는 그 관할 하의 권한을 위임받은 주체에 대하여 양도한다. 동위원소 u-235의 농축우라늄의 권리이전의 경우에는, 위원회가 본조 a(1)항에 기술된 목적에 약정을 한정시킬 수 있는 선택권을 가진다는 양해하에, 개개 이전의 조건에 관하여 미리 합의를 본다.

c. 위원회가 필요하다고 생각하는 경우, 농축용역의 제공을 포함하여 특수핵물질의 공급에 관한 본 협정상의 책임을 미합중국 정부 관할하의 주체에 위원회가 이전할 수 있는 것으로 양해한다.

제8조

a. 제 6조 b항 및 제 7조에 규정된 동위원소 u-235의 농축우라늄을 위원회가 양도하는 것에 관하여 다음과 같이 양해한다.

(1) 양, 농축도, 인도계획 및 기타 공급 또는 용역 조건을 명시하는 계약은 위원회와 대한민국 정부간 또는 대한민국 정부로부터 권한을 위임받

은 주체간에 적당한 시기에 체결된다.

 (2) 매도된 동위원소 u-235의 농축우라늄의 가격 또는 제공된 농축용역 비용은 인도당시의 미합중국내의 사용자에게 적용되는 가격 또는 비용으로 한다. 인도시에 필요로 하는 사전통고는 그러한 통고를 행하는 당시의 미합중국내의 사용자에게 적용되는 통고와 같이 한다. 위원회는 단기 통고만으로서 동위원소 u-235의 농축우라늄을 공급하거나 또는 농축용역을 제공하는데 동의할 수 있다. 다만, 단기 통고 때문에 위원회가 부담하게 되는 비정상적 경비에 충당하기 위하여 위원회가 타당하다고 간주하는 통상의 기본가격 또는 비용에 대한 부가경비를 부담할 것을 조건으로 한다.

b. 위원회가 본 협정 및 협력을 위한 기타 협정에 따라 제공하기로 합의한 동위원소 u-235의 농축우라늄의 총량이 동 목적을 위하여 위원회가 제공할 수 있는 동위원소 u-235의 농축우라늄의 최대량에 달하게 되거나 또한 제 9조에 명시된 조정순량에 관한 계약이 체결되지 아니할 경우에, 위원회는 적당한 통고에 의하여 그 당시까지 계약에 포함하지 아니한 동위원소 u-235의 농축우라늄의 전부 또는 일부에 관한 계약을 대한민국 정부 또는 대한민국 정부로 부터 권한을 위임받은 주체가 체결하도록 요청할 수 있다. 계약이 본 협정에 의거한 위원회의 요청에 따라 체결되지 아니할 경우, 위원회는 계약상 요청된 동위원소 u-235의 농축우라늄에 관한 모든 의무로부터 면제된다.

c. 본 협정에 따라 공급되는 농축우라늄은 동위원소 u-235를 20퍼센트까지 함유할 수 있다. 본 협정에 따라 공급되는 동위원소 u-235의 농축우라늄의 일부는, 위원회가 양도의 기술적 또는 경제적 타당성이 있다고 인정할 경우에, 동위원소 u-235를 20퍼센트 이상 함유하고 있는 물질의 형태로 제공될 수 있다.

d. 별도의 합의가 없는 한, 부록에 기술된 특정원자로 사업을 위하여 본 협정에 따라 할당된 동위원소 u-235의 농축 우라늄의 제공을 확보하기 위해서는,

사업의 건설을 부록에 규정된 부표에 따라 개시하는 것이 필요하며, 또한 최초핵 연료장전을 위하여 위원회가 물질을 제공할 수 있는 양에 관한 계약을 대한민국 정부 또는 대한민국 정부로부터 권한을 위임받은 주체가 적시에 체결하는 것이 필요하다고 양해한다. 대한민국 정부 또는 대한민국 정부로부터 권한을 위임받은 주체가 특정사업을 위하여 할당된 동위원소 u-235의 농축우라늄의 전체량에 미달되는 양을 위한 계약을 체결할 것을 원하거나, 또는 계약 체결후에 공급계약을 종료시키는 경우에는, 별도의 합의가 없는 한 동 특정사업을 위하여 합당된 잔여량은 제공되지 아니하며, 제 9조에 규정된 동위원소 u-235의 조정 최대순량은 이에 따라 감축된다.

e. 제 9조에 포함되어 있는 제안 내에서, 제 6조 b항 또는 제 7조에 의하고 또는 원자로 실험용 원료 공급을 위하여 대한민국 정부의 관할권에 따라 양도된 동위원소 u-235의 농축우라늄의 양은, 양 당사자의 의견으로 보아 동 원자로 또는 원자로 실험의 효율적 및 계속적 가동을 위하여 필요한 추가량을 합하여 원자로 또는 원자로 실험의 장전에 필요한 양을 언제든지 초과하지 못한다.

f. 본 협정 또는 대치된 협정에 따라 미합중국으로부터 인수하는 특수핵물질이 재처리를 필요로 하거나, 또는 본 협정이나 대치된 협정에 따라 미합중국으로 부터 인수하는 연료물질을 함유하는 조사된 연료성분이 원자로로부터 제거되어야 하거나, 또는 그 형태나 내용에 변형을 가하게 되는 경우에는, 제 11조의 규정을 효과적으로 적용할 수 있도록 양 당사자가 공동으로 결정하여 양 당사자가 수락하는 시설내에서 동 재처리 또는 변형을 한다.

g. 본 협정 또는 대치된 협정에 따라 위원회가 대여하는 연료의 일부를 대위 처리한 결과 생산되는 특수핵물질은 임차자의 계정에 포함시키며, 또한 위원회와 임차자가 별도 합의하지 아니하는 한, 본조 f항에 규정되어 있는 재처리 과정을 거친후에 동 생산된 물질에 대한 권리는 임차자에 속하게 된다.

h. 본 협정 또는 대치된 협정에 따라, 대한민국 정부 또는 대한민국 정부 관할

하의 위임받은 주체에게 양도된 물질의 사용을 통하여 생산된 특수핵물질은, 위원회가 양도에 동의하는 경우를 제외하고는, 어느 제 3국 또는 국가집단의 관찰에 들어가도록 양도될 수 없다.

i. 본 협정에 의거하여 위원회가 공급을 요청받거나 또는 대치된 협정에 따라 공급된 원자력 물질은, 조심스럽게 취급되고 사용되지 아니하는 한, 인체와 재산에 유해하다. 동 물질의 인도 후에 있어서 대한민국 정부는, 미합중국 정부와 관계되는 한, 동 물질의 안전취급과 사용에 대한 모든 책임을 진다. 본 협정에 의거하여 위원회가 대한민국 정부 또는 대한민국 정부로부터 권한을 위임받은 주체에게 대여하거나 또는 대치된 협정에 따라 대여하게 된 특수핵물질 또는 연료성분에 관하여, 대한민국 정부는 위원회가 대한민국 정부 또는 대한민국 정부 관할하의 권한을 위임받은 주체에게 인도한 후에 있어서 특수핵물질 또는 연료성분의 생산 또는 제조, 소유권, 대여, 점유 및 사용으로 부터 야기되는 바의 여하한 원인으로 인한 일부 또는 모든 손해배상책임 (제 3자 손해배상책임 포함) 에 대하여 변상할 것을 미합중국 정부에 보증하고 미합중국 정부가 손해를 입지 않도록 한다.

제9조

협력을 위한 본 협정의 기간동안 본 협정 제 4조, 6조 및 7조에 따라, 또는 대치된 협정에 따라 미합중국으로 부터 대한민국에 양도되는 농축우라늄 u-235의 조정순량은 그 총량이 일만이천구백(12,900) 킬로그람 이상 초과될 수 없다. 본 협정의 상기 제조항 또는 대치된 협정에 따라 동 한도량 내에서 양도된 것을 계산함에 있어서 다음의 계산방법을 사용한다.

첫째

 (1) 본 협정의 상기 제조항 또는 대치된 협정에 따라서 양도된 농축우라늄에 함유된 u-235의 양으로부터 ,

 (2) 표준 동위원소 분석표상의 동일한 우라늄 양에 함유된 u-235의 양을

제공한다.

둘째

  (1) 미합중국에 반환하였거나 또는 본 협정이나 대치된 협정에 의거하여
미합중국 정부의 승인을 받아 제 3국 또는 국가집단에 양도한 미합중
국 원산의 재생우라늄에 함유된 u-235의 총량으로 부터,

  (2) 표준 동위원소 분석표상의 동일한 우라늄 양에 함유된 u-235의 양을
공제한다.

제10조

대한민국 정부는 다음의 것을 보장한다.

  (1) 제 11조에 규정된 안전조치를 유지하도록 한다.

  (2) 본 협정 또는 대치된 협정에 의거하여 구매 혹은 기타방법에 의하여
대한민국 정부 또는 대한민국 정부 관할하의 권한을 위임받은 주체에
게 양도된 장비와 장치를 포함한 물질과, 또한 동 물질, 장비 또는 장치
를 사용하여 생산된 특수핵물질은 원자무기의 제조, 또는 원자무기의
연구 또는 개발, 또는 기타 군사적 목적을 위하여 사용되지 아니하도
록 한다.

  (3) 본 협정 또는 대치된 협정에 의거하여 대한민국 정부 또는 대한민국
정부 관할하의 권한을 위임받은 주체에게 양도된 장비와 장치를 포함
한 물질은, 위원회가 제 3국 또는 국가 집단의 관할에 양도하는 것을
동의하는 것을 제외하고는 또한 동 양도가 위원회의 의견으로 보아 미
합중국 정부와 제 3국간 또는 국가집단간의 협력을 위한 협정의 범위
에 포함될 경우만을 제외하고는, 권한을 위임받지 아니한 주체에게 또
는 대한민국 정부의 관할밖으로 양도되지 아니하도록 한다.

제11조

a. 대한민국 정부와 미합중국 정부는 본 협정 또는 대치된 협정에 의거하여 대한민국 정부 또는 대한민국 정부 관할하의 권한을 위임받은 주체에게 제공된 물질 장비 또는 장치가 민간목적만을 위하여 사용될 것을 보장함에 있어서의 양국의 공동이익을 강조한다.

b. 본 협정에 규정된 안전조치권이 제 12조에 규정된바의 국제 원자력기구의 안전조치 적용으로 정지되는 경우를 제외하고는, 본 협정의 어느 다른 규정에도 불구하고, 미합중국 정부는 다음의 권리를 가진다.

　(1) 민간목적을 위한 설계 및 가동을 보장하고 또한 안전조치의 효과적 적용을 가능하게 할 목적으로,

　　(a) 원자로의 설계 및

　　(b) 위원회가 안전조치의 효과적 적용에 관련된다고 결정하는 기타 장비와 장치의 설계를 검토하는 권리를 가진다. 상기 원자로 및 기타 장비와 장치는 미합중국 정부 또는 미합중국 정부 관할하의 주체에 의하여 본 협n이나 대치된 협정에 따라 대한민국 정부 또는 대한민국 정부 관할하의 주체에게 제공되거나 또는 제공된 것, 또는 상기와 같이 제공된 다음의 제물질 즉, 선원물질, 특수핵물질, 감속재물질 또는 위원회가 지정한 기타 물질의 사용, 가공 또는 처리를 위한 것이다.

　(2) 본 협정 또는 대치된 협정에 따라 미합중국 정부 또는 미합중국 정부 관할하의 주체에 의하여 대한민국 정부 또는 대한민국 정부 관할하의 주체에게 제공된 선원물질 또는 특수핵 물질과 상기와 같이 제공된 다음의 제물질, 장비 또는 장치 즉:

　　(a) 선원물질, 특수핵물질, 감속재물질 또는 위원회가 지정하는 기타 물질,

　　(b) 원자로 및

(c) 본조 b(2)항의 규정이 적용될 것을 조건으로 하여 제공될 품목으로 위원회가 지정하는 기타 장비 또는 장치를 사용한 결과로서 이용되거나, 재생되거나, 또는 생산되는 선원물질 또는 특수핵물질에 관해서는

   (i) 가동기록의 유지 및 작성을 요청하는 권리와 동 물질에 대한 책임의 보장을 지원할 목적으로 보고서를 요청하고 접수하는 권리를 가지며, 또한

   (ii) 대한민국 정부 또는 대한민국 정부 관할하의 주체가 보관하고 있는 동 물질이 본조에 규정된 모든 안전조치와 제 10조에 열거된 보장조치에 따르도록 할 것을 요구하는 권리를 가진다.

(3) 대한민국내에서 민간목적으로 당시에 이용되지 아니하고 또한 제 8조에 따라 양도되지 아니하거나, 또는 양 당사자가 상호 수락하는 약정에 따라 달리 처리되지 아니하는 본조 b(2)항에 언급된 특수핵물질을 위원회가 지정하는 저장시설에 저장할 것을 요구하는 권리를 가진다.

(4) 대한민국 정부와 협의한 후, 일방당사자가 요청하는 경우에는, 대한민국 정부가 지정하는 인원을 동반하여, 본 협정의 준수여부를 확인하고 또한 필요하다고 생각하는 것을 독자적으로 측정할 수 있도록, 본조 b(2)항의 적용을 받는 선원물질 및 특수핵물질을 설명하는데 필요로 하는 대한민국내의 모든 장소와 자료에 접근하게 되는 인원을 지정하는 권리를 가진다.

(5) 본조의 제 규정 또는 제 10조에 열거된 보장조치를 준수하지 아니하거나 또는 적당한 기간내에 본조의 제규정을 대한민국 정부가 이행하지 아니할 경우에는, 본 협정을 정지 시키거나 또는 종료시키는 권리를 가지며, 또한 본조 b(2)항에 언급된 물질, 장비와 장치의 반환을 요구하는 권리를 가진다.

(6) 보건 및 안전문제에 관하여 대한민국 정부와 협의하는 권리를 가진다.

c. 대한민국 정부는 본조에 규정된 안전조치의 적용을 촉진하기로 약속한다.

제12조

a. 대한민국 정부와 미합중국 정부는, 1968년 1월 5일 양국 정부와 국제원자력
기구간에 서명된 협정에 의하여, 대치된 협정에 따라 대한민국 정부 관할에
양도된 물질, 장비 및 시설에 대한 안전 조치를 국제원자력기구가 적용해 왔
음을 유의한다. 양당사자는, 국제원자력기구의 시설과 용역을 계속적으로
이용하는 것이 요망됨을 인정하고, 대치된 협정 또는 본 협정에 따라 양도되
는 물질, 장비 및 시설에 대하여 국제원자력기구의 안전 조치를 계속 적용할
것에 합의한다.

b. 국제원자력기구의 안전조치를 본조에 의거하여 계속적으로 적용하는 것은,
새로운 3자협정에 의하여 수시로 개정되거나 또는 대치되는 양 당사자와 국
제원자력기구간의 상기 3자 협정에 규정된 바에 따르+나, 또는 핵무기 비
확산조약 제 3조에 의거하여 대한민국 정부와 국제원자력기구간에 체결될
수 있는 협정에 규정되는 바에 따르게 된다. 본 협정을 수정하지 아니하고,
본 협정 제 11조에 의하여 미합중국 정부에 부여된 안전조치권은, 본항에서
예정하고 있는 안전조치 협정이 전기 안전조치권의 행사 필요성을 충족시
키고 있다고 미합중국 정부가 동의하는 기간동안 그리고 그러하게 동의하
는 범위까지, 정지되는 것을 양해한다.

c. 본조 b항에 언급된바의 적용할 수 있는 안정조치 협정이 본 협정의 기한 만
료이전에 종료되는 경우 및 양 당사자가 국제원자력기구의 안전조치를 재적
용하는데 신속히 합의하지 아니하는 경우에, 일방당사자는 통고에 의하여
본 협정을 종료시킬 수 있다. 일방당사자에 의하여 본 협정이 종료될 경우,
대한민국 정부는 미합중국 정부의 요청에 따라, 본 협정 또는 대치된 협정에
의거하여 인수하였고 또한 계속하여 대한민국 정부 또는 그 관할하의 주체
가 소유하고 있는 모든 특수물질을 미합중국 정부에 반환한다. 미합중국 정

부는 대한민국 정부 또는 대한민국 정부 관할하의 주체에 대하여 미합중국 내에서 당시 유효한 위원회의 가격표에 따라 상기 반환된 물질에 관한 대한민국 정부 또는 그 관할하의 주체의 권익을 보상한다.

제13조

본 협정에 의거하여 규정된 양 당사자의 권리와 의무는, 적용할 수 있는 범위까지, 본 협정에 따라 양도된 정보, 물질, 장비와 장치를 포함하나 이에 한정하지 아니하고 대치된 협정에 따라 개시된 협력을 위한 제활동에 확대 적용된다.

제14조

1956년 2월 3일 서명되어 개정된 "원자력의 비군사적 사용에 관한 대한민국 정부와 미합중국 정부간의 협력을 위한 협정"은 본 협정이 발효하는 일자에 본 협정에 의하여 대치된다.

제15조

본 협정은 각 정부가 타방정부로 부터 본 협정 발효를 위한 모든 법정상 및 헌법상의 요건을 이행하였다는 서면통고를 접수한 일자에 발효하며, 또한 30년간 효력을 가진다.

이상의 증거로서, 정당히 권한을 위임받은 하기 서명자는 본 협정에 서명하였다.

1972년 11월 24일 워싱톤에서 동등히 정본인 한국어와 영어로 2통을 작성하였다.

대한민국 정부를 위하여   미합중국 정부를 위하여
김 동 조   마샬 그린

Signed at Washington November 24, 1972
Entered into force March 19, 1973

AGREEMENT FOR COOPERATION BETWEEN THE GOVERNMENT OF THE REPUBLIC OF KOREA AND THE GOVERNMENT OF THE UNITED STATES OF AMERICA CONCERNING CIVIL USES OF ATOMIC ENERGY

Whereas the Government of the Republic of Korea and the Government of the United States of America signed an "Agreement for Cooperation Between the Government of the Republic of Korea and the Government of the United States of America Concerning Civil Uses of Atomic Energy" on February 3, 1956, which was amended by the Agreements signed on March 14, 1958, and July 30, 1965; and

Whereas the Government of the Republic of Korea and the Government of the United States of America desire to pursue a research and development program looking toward the realization of peaceful and humanitarian uses of atomic energy, including the design, construction, and operation of power producing reactors and research reactors, and the exchange of information relating to the development of other peaceful uses of atomic energy; and

Whereas the Government of the Republic of Korea and the Government of the United States of America are desirous of entering into this Agreement to cooperate with each other to attain the above objectives; and

Whereas the Parties desire this Agreement to supersede the "Agreement for Cooperation Between the Government of the Republic of Korea and the Government of the United States of America Concerning Civil Uses of

Atomic Energy" signed on February 3, 1956, as amended;

The Parties agree as follows:

ARTICLE I

For the purposes of this Agreement:

(1) "Parties" means the Government of the Republic of Korea, and the Government of the United States of America, including the Commission on behalf of the Government of the United States of America. "Party" means one of the above Parties.

(2) "Commission" means the United States Atomic Energy Commission.

(3) "Atomic weapon" means any device utilizing atomic energy, exclusive of the means for transporting or propelling the device (where such means is a separable and divisible part of the device), the principal purpose of which is for use as, or for development of, a weapon, a weapon prototype, or a weapon test device.

(4) "Byproduct material" means any radioactive material (except special nuclear material) yielded in or made radioactive by exposure to the radiation incident to the process of producing or utilizing special nuclear material.

(5) "Equipment and devices" and "equipment or devices" mean any instrument, apparatus, or facility, and include any facility, except an atomic weapon, capable of making use of or producing special nuclear material, and component parts thereof.

(6) "Person" means any individual, corporation, partnership, firm,

association, trust, estate, public or private institution, group, government agency, or government corporation but does not include the Parties to this Agreement.

(7) "Reactor" means an apparatus, other than an atomic weapon, in which a self-supporting fission chain reaction is maintained by utilizing uranium, plutonium or thorium, or any combination of uranium, plutonium, or thorium.

(8) "Restricted Data" means all data concerning (a) design, manufacture, or utilization of atomic weapons, (b) the production of special nuclear material, or (c) the use of special nuclear material in the production of energy, but shall not include data declassified or removed from the category of Restricted Data by the appropriate authority.

(9) "Safeguards" means a system of controls designed to assure that any materials, equipment and devices committed to the peaceful uses of atomic energy are not used to further any military purpose.

(10) "Source material" means (a) uranium, thorium, or any other material which is determined by either Party to be source material, or (b) ores containing one or more of the foregoing materials, in such concentration as either Party may determine from time to time.

(11) "Special nuclear material" means (a) plutonium, uranium enriched in the isotope 233 or in the isotope 235, and any other material which either Party determines to be special nuclear material, or (b) any material artificially enriched by any of the foregoing.

(12) "Superseded Agreement" means the Agreement for Cooperation

between the Government of the Republic of Korea and the Government of the United States of America signed by the Parties on February 3, 1956, as amended by the Agreements signed on March 14, 1958, and July 30, 1965.

ARTICLE II

A. Subject to the provisions of this Agreement, the availability of personnel and material, and the applicable laws, regulations and license requirements in force in their respective countries, the Parties shall cooperate with each other in the achievement of the uses of atomic energy for peacefu purposes.

B. Restricted Data shall not be communicated under this Agreement, and no materials or equipment and devices shall be transferred, and no services shall be furnished, under this Agreement, if the transfer of any such materials or equipment and devices or the furnishing of any such services involves the communication of Restricted Data.

C. This Agreement shall not require the exchange of any information which the Parties are not permitted to communicate.

ARTICLE III

Subject to the provisions of Article II, the Parties will exchange unclassified information with respect to the application of atomic energy to peaceful uses and the considerations of health and safe¼î connected therewith. The exchange of information provided for in this Article will be accomplished through various means, including reports, conferences, and visits to facilities, and will include information in the following fields:

(1) Development, design, construction, operation, and use of research, materials testing, experimental, demonstration power, and power reactors and reactor experiments;

(2) The use of radioactive isotopes and source material, special nuclear material, and byproduct material in physical and biological research, medicine, agriculture, and industry; and

(3) Health and safety considerations related to the foregoing.

ARTICLE IV

A. Materials of interest in connection with the subjects of agreed exchange of information, as provided in Article III and subject to the provisions of Article II, including source material, heavy water, byprduct material, other radioisotopes, stable isotopes, and special nuclear material for purposes other than fueling reactors and reactor experiments, may be transferred between the Parties for defined applications in such quantities and under such terms and conditions as may be agreed when such materials are not commercially available.

B. Subject to the provisions of Article II and under such terms and conditions as may be agreed, specialized research facilities and reactor materials testing facilities of the Parties may be made available for mutual use consistent with the limits of space, facilities, and personnel conveniently available when such facilities are not commercially available.

C. With respect to the subjects of agreed exchange of information as provided in Article III and subject to the provisions of Article II, equipment and devices may be transferred from one Party to the other under such terms and conditions as may be agreed. It is recognized that such transfers will be subject to limitations which may arise from shortages of supplies or other circumstances existing at the time.

ARTICLE V

The application or use of any information (including design drawings and specifications), and any material, equipment and devices, exchanged or transferred between the Parties under this Agreement or the superseded Agreement shall be the responsibility of the party receiving it, and the other Party does not warrant the accuracy or completeness of such information and does not warrant the suitability of such information, material, equipment and devices for any particular use or application.

ARTICLE VI

A. With respect to the application of atomic energy to eaceful uses, it is understood that arrangements may be made between either Party or authorized persons under its jurisdiction and authorized persons under the jurisdiction of the other Party for the transfer of equipment and devices and materials other than special nuclear material and for the performance of services with respect thereto.

B. With respect to the application of atomic energy to peaceful uses, it is understood that arrangements may be made between either Party or authorized persons under its jurisdiction and authorized persons under the jurisdiction of the other Party for the transfer of special nuclear material and for the performance of services with respect thereto for the uses specified in Articles IV and VII and subject to the relevant provisions of Article VIII and the provisions of Article IX.

C. The Parties agree that the activities referred to in paragraphs A and B of this Article shall be subject to the limitations in Article II and to the policies of the Parties with regard to transactions involving the authorized persons referred to in paragraphs A and B of this Article.

ARTICLE VII

A. During the period of this Agreement, and as set forth below, the Commission will supply to the Government of the Republic of Korea or, pursuant to Article VI, to authorized persons under its jurisdiction, under such terms and conditions as may be agreed, all of the requirements of the Republic of Korea for uranium enriched in the isotope U-235 for use as fuel in the power reactor program described in the Appendix to this Agreement, which Appendix, subject to the quantity limitation established in Article IX, may be amended from time to time by mutual consent of the Parties without modification of this Agreement.

(1) The Comission will supply such uranium enriched in the isotope U-235 by providing, to the same extent as for United States licensees, for the production or enrichment, or both, of uranium enriched in the isotope U-235 for the account of the Government of the Republic of Korea or such authorized persons. (Upon timely advice that any natural uranium required with respect to any particular delivery of enriched uranium under such service arrangements is not reasonably available to the Government of the Republic of Korea or any such authorized persons, the Commission will be prepared to furnish the required natural

uranium on terms and conditions to be agreed).

(2) Notwithstanding the provisions of paragraph A(1) of this Article, is the Government of the Republic of Korea or such authorized persons so request, the Commission, at its election, may sell the uranium enriched in the isotope U-235 under such terms and conditions as may be agreed.

B. As may be agreed, the Commission will transfer to the Government of the Republic of Korea or to authorized persons under its jurisdiction uranium enriched in the isotope U-235 for use as fuel in defined research applications, including research, materials testing, and experimental reactors and reactor experiments. The terms and conditions of each transfer shall be agreed upon in advance, it being understood that, in the event of transfer of title to uranium enriched in the isotope U-235, the Commission shall have the option of limiting the arrangements to undertakings such as those described in paragraph A(1) of this Article.

C. It is understood that the commission may transfer to a person or persons under the jurisdiction of the Government of the United States of America such of its responsibilities under this Agreement with respect to the supply of special nuclear material, including the provision of enrichment sevices, as the Commission deems desirable.

ARTICLE VIII

A. With respect to transfers by the Commission of uranium enriched in the isotope U-235 provided for in Article VI, paragraph B and Article VII, it is understood that:

(1) Contracts specifying quantities, enrichments, delivery schedules, and other terms and conditions of supply or service will be executed on a timely basis between the Commission and the Government of the Republic of Korea or persons authorized by it, and

(2) Prices for uranium enriched in the isotope U-235 sold or charges for enrichment services performed will be those in effect for users in the United States of America at the time of delivery. The advance notice required for delivery will be that in effect for users in the United States of America at the time of giving such notice. The Commission may agree to supply uranium enriched in the isotope U-235 or perform enrichment services upon shorter notice, subject to assessment of such surcharge to the usual base price or charge as the Commission may consider reasonable to cover abnormal costs incurred by the Commission by reason of such shorter notice.

B. Should the total quantity of uranium enriched in the isotope U-235 which the Commission has agreed to provide pursuant to this Agreement and other Agreements for Cooperation reach the maximum quantity of uranium enriched in the isotope U-235 which the Commission has available for such purposes, and should contracts covering the adjusted net quantity specified in Article IX not have been executed, the Commission may request, upon appropriate notice, that the Government of the Republic of Korea or persons authorized by it execute contacts for all or any part of such uranium enriched in the isotope U-235 as is nt then under contract. It is understood that, should contracts not be executed in accordance with a request by the Commission hereunder, the Commission shall be relieved of all obligations with respect to the uranium enriched in the isotope U-235 for which contracts have been so requested.

C. The enriched uranium supplied hereunder may contain up to twenty percent(20%) in the isotope U-235. A portion of the uranium enriched in the isotope U-235 supplied hereunder may be made available as material containing more than twenty percent (20%) in the isotope U-235 when the Commission finds there is a technical or economic justification for such a transfer.

D. It is understood, unless otherwise agreed, that, in order to assure the availability of the entire quantity of uranium enriched in the isotope U-235 allocated hereunder for a particular reactor project described in the Appendix, it will be necessary for the construction of the project to be initiated in accordance with the schedule set forth in the Appendix and for the Government of the Republic of Korea or persons authorized by it to execute a contract for that quantity in time to allow the Commission to provide the material for the first fuel loading. It is also understood that, if the Government of the Republic of Korea or persons authorized by it desires to contract for less than the entire quantity of uranium enriched in the isotope U-235 allocated for a particular project or terminates the supply contracts after execution, the remaining quantity allocated for that project shall cease to be available and maximum adjusted net quantity of U-235 provided for in Article IX shall be reduced accordingly, unless otherwise agreed.

E. Within the limitations contained in Article IX, the quantity of uranium enriched in the isotope U-235 transferred under Article VI, paragraph B or Article VII ad under the jurisdiction of the Government of the Republic of Korea for the fueling of reactors or reactor experiments shall not at any time be in excess of the quantity necessary for the loading of such reactors or reactor experiments, plus such additional quantity as, in the opinion of the Parties, is necessary for the efficient and continuous operation of such reactors or reactor experiments.

F. When any special nuclear material received from the United States of America pursuant to this Agreement or the superseded Agreement requires reprocessing, or any irradiated fuel elements containing fuel material received from the United States of America pursuant to this Agreement or the superseded Agreement are to be removed from a reactor and are to be altered in form or content, such reprocessing or alteration shall be performed in facilities acceptable to both Parties upon a joint determination of the Parties that the provisions of Article XI may be effectively applied.

G. Special unclear material produced as a result of irradiation processes in any part of the fuel that may be leased by the Commission under this Agreement or the superseded Agreement shall be for the account of the lessee and, after reprocessing as provided in paragraph F of this Article, title to such produced material shall be in the lessee the Commission and the lessee otherwise agree.

H. No Special unclear material produced through the use of material transferred to the Government of the Republic of Korea or to authorized persons under its jurisdiction, pursuant to this Agreement or the superseded Agreement, will be transferred to the jurisdiction of any other nation or group of nations, except as the Commission may agree to such a transfer.

I. Some atomic energy materials which the Commission may be requested to provide in accordance wth this Agreement, or which have been provided under the superseded Agreement, are harmful to persons and property unless handled and used carefully. After delivery of such materials, the Government of the Republic of Korea shall bear all responsibility, insofar as the Government of the United States of America is concerned, for the safe handling and use of such materials. With respect to any special nuclear material or fuel elements which the Commission may, pursuant to this Agreement, lease to the Government of the Republic of Korea or to any person under its jurisdiction, or may have leased pursuant to the superseded Agreement, the Government of the Republic of Korea shall indemnify and save harmless the Government of the United States of America against any and all liability (including third party liability) for any cause whatsoever arising out of the production or fabrication, the ownership, the lease and the possession and use of such special nuclear material or fuel elements after delivery by the Commission to the Government of the Republic of Korea or to any person under its jurisdiction.

ARTICLE IX

The adjusted net quantity of U-235 in enriched uranium transferred from the United States of America to the Republic of Korea under Articles IV, VI, and VII during the period of this Agreement for Cooperation or under the superseded Agreement shall not exceed in the aggregate twelve thousand nine hundred (12,900) kilograms. The following method of computation shall be used in calculating transfers, withing such ceiling quantity, made under the said Articles or the superseded Agreement:From:

(1) The quantity of U-235 contained in enriched uranium transferred under the said Articles or the superseded Agreement, minus

(2) Te quantity of U-235 contained in an equal quantity of uranium of normal isotope assay, Subtract:

(3) The aggregate of the quantities of U-235 contained in recoverable uranium of United States origin either returned to the United States of America or transferred to any other nation or group of nations with the approval of the Government of the United States of America pursuant to this Agreement or the superseded Agreement, minus

(4) The quantity of U-235 contained in an equal quantity of uranium of normal isotopic assay.

ARTICLE X

The Government of the Republic of Korea guarantees that:

(1) Safeguards provided in Article XI shall be maintained.

(2) No material, including equipment and devices, transferred to the Government of the Republic of Korea or authorized persons under its jurisdiction by purchase or otherwise pursuant to this Agreement or the superseded Agreement, and no special nuclear

material produced through the use of such material, equipment or devices, will be used for atomic weapons, or for research on or development of atomic weapons, or for any other military purpose.

(3) No material, including equipment and devices, transferred to the Government of the Republic of Korea or authorized persons under its jurisdiction pursuant to this Agreement or the superseded Agreement will be transferred to unauthorized persons or beyond the jurisdiction of the Government of the Republic of Korea except as the Commission may agree to such a transfer to the jurisdiction of another nation or group of nations, and then only if, in the opinion of the Commission, the transfer is within the scope of an Agreement for Cooperation between he Government of the United States of America and the other nation or group of nations.

ARTICLE XI

A. The Government of the Republic of Korea and the Government of the United States of America emphasize their common interest in assuring that any material, equipment or devices made available to the Government of the Republic of Korea or any person under its jurisdiction pursuant to this Agreement or the superseded Agreement shall be used solely for civil purposes.

B. Except to the extent that the safeguards rights provided for in this Agreement are suspended by virtue of the application of safeguards of the International Atomic Energy Agency, as provided in Article XII, the Government of the United States of America, notwithstanding any other provisions of this Agreement, shall have the following rights:

(1) With the objective of assuring design and operation for civil purposes and permitting effective application of safeguards, to review the design of any

    (a) reactor, and

    (b) other equipment and devices the design of which the Commission determines to be relevant to the effective application of safeguards, which are, or have been, made available to the Government of the Republic of Korea or to any person under its jurisdiction under this Agreement or the superseded Agreement by the Government of the United States of America or any person under its jurisdiction, or which are to use, fabricate, or process any of the following materials so made available: source material, special nuclear material, moderator material, or other material designated by the Commission:

(2) with respect to any source material or special nuclear material made available to theGovernment of the Republic of Korea or to any person under its jurisdiction under this Agreement or the superseded Agreement by the Government of the United States of America or any person under its jurisdiction and any source material or special nuclear material utilized in, recovered from, or produced as a result of the use of any of the following materials, equipment or devices so made available:

    (a) source material, special nuclear material, moderator material, or other material designated by the Commission,

    (b) reactors, and

(c) any other equipment or devices designated by the Commission as an item to be made available on the condition that the provisions of this paragraph B(2) will apply,

(i) to require the maintenance and production of operating records and to request and receive reports for the purpose of assisting in ensuring accountability for such materials, and

(ii) to require that any such material in the custody of the Government of the Republic of Korea or any person under its jurisdiction be subject to all of the safeguards provided for in this Article and the guarantees set forth in Article X;

(3) To require the deposit in storage facilities designated by the Commission of any of the special nuclear material referred to in paragraph B(2) of this Article which is not currently utilized for civil purposes in the Republic of Korea and which is not transferred pursuant to Article VIII or otherwise disposed of pursuant to an arrangement mutually acceptable to the Parties;

(4) To designate, after consultation with the Government of the Republic of Korea, personnel who, accompanied, if either Party so requests, by personnel designated by the Government of the Republic of Korea, shall have acces in the Republic of Korea to all places and date necessary to account for the source material and special nuclear material which are subject to paragraph B (2) of this Article to determine whether there is compliance with this Agreement and to make such independent measurements as may be deemed necessary;

(5) In the event of non-compliance with the provisions of this Article or the guarantees set forth in Article X and the failure of the Government of the Republic of Korea to carry out the provisions of this Article within a reasonable time, to suspend or terminate this Agreement and to require the return of any material, equipment and devices referred to in paragraph B(2) of this Article;

(6) To consult with the Government of the Republic of Korea in the matter of health and safety.

C. The Government of the Republic of Korea undertakes to facilitate the application of safeguards provided for in this Article.

ARTICLE XII

A. The Government of the Republic of Korea and the Government of the United States of America note that, by an agreement signed by them and the International Atomic Energy Agency on January 5, 1968, the Agency has been applying safeguards to materials, equipment and facilities transferred to the jurisdiction of the Government of the Republic of Korea under the superseded Agreement. The Parties, recognizing the desirability of continuing to make use of the facilities and services of the International Atomic Energy Agency, agree that Agency safeguards shall continue to apply to materials, equipment and facilities transferred under the superseded Agreement or to be transferred under this Agreement.

B. The continued application of Agency safeguards pursuant to this Artice will be accomplished either as provided in the above-mentioned trilateral agreement among the Parties and the Agency, as it may be amended from time to time or supplanted by a new trilateral agreement, or as provided in an agreement which may be entered into between the Government of the Republic of Korea and the International Atomic Energy Agency pursuant to Article III of the Treaty on the Non-Proliferation of Nuclear Weapons. It is understood that, without modification of this Agreement, the safeguards rights accorded to the Government of the United States of America by Article IX of this Agreement will be suspended during the time and to the extent that the Government of the United States of America agrees that the need to exercise such rights is satisfied by a safeguards agreement at contemplated in this paragraph.

C. In the event the applicable safeguards agreement referred to in paragraph B of this Article should be terminated prior to the expiration of this Agreement and the Parties should fail to agree promptly upon a resumption of Agency safeguards, either Party may, by notification, terminate this Agreement. In the event of such termination by either Party, the Government of the Republic of Korea shall, at the request of the Government of the United States of America, return to the Government of the United States of America all special nuclear material received pursuant to this Agreement or the superseded Agreement and still in its possession or the possession of persons under its jurisdiction. The Government of the United States of America will compensate the Government of the Republic of Korea or the persons under its jurisdiction for their interest in such material so returned at the Commission's schedule of prices then in effect in the United States of America.

ARTICLE XIII

The right and obligations of the Parties provided for under this Agreement shall extend, to the extent applicable, to cooperative activities initiated under the superseded Agreement, including, but not limited to, information, materials, equipment and devices transferred thereunder.

ARTICLE XIV

The "Agreement for Cooperation Between the Government of the Republic of Korea and the Government of the United States of America Concerning Civil Uses of Atomic Energy" signed on February 3, 1956, as amended, is superseded by this Agreement on the date this Agreement enters into force.

ARTICLE XV

This Agreement shall enter into force on the date on which each Government shall have received from the other Government written notification that it has complied with all statutory and constitutional requirements for entry into force of such Agreement and shall remain in force for a period of thirty (30) years.IN WITNESS WHEREOF, the undersigned, duly authorized, have signed this Agreement.

Done at Washington, in duplicate, in the Korean and English languages, both equally authentic, this twenty-fourth day of November, 1972.

FOR THE GOVERNMENT OF THE
REPUBLIC OF KOREA
Dong Jo Kim

FOR GOVERNMENT OF THE
UNITED STATES OF AMERICA
Marshall Green

1974년 5월 15일 워싱턴에서 서명
1974년 6월 26일 발효

대한민국 정부와 미합중국 정부는,

1972년 11월 24일 워싱턴에서 서명된 원자력의 민간 이용에 관한 대한민국 정부와 미합중국 정부간의 협력을 위한 협정(이하 "협력을 위한 협정"이라 칭한다)의 개정을 열망하여,

다음과 같이 합의한다.

제1조

협력을 위한 협정의 제7조를 다음과 같이 개정한다.

"A. 우라늄 농축을 위한 위원회 시설 용량의 이용가능성에 의거하여 또한 양도에 관하여 9조에서 인가된 양의 범위 내에서, 대한민국에서 착수되는 동력용 연료로 사용하기 위한 동위원소 U-235의 농축 우라늄의 생산 또는 농축을 위하여 본 협정에 규정된 바에 따라 위원회는 대한민국 정부, 또는 그 관할 하에 있는 권한을 위임받은 주체가 동 용역을 필요로 하고, 동 용역의 제공에 관하여 합의된 인도 계획 및 기타 조건을 규정한 고정계약을 체결할 준비가 되어 있을 때 대한민국 정부 또는 그 권한을 위임받은 주체가 동 용역을 필요로 하고, 동용역의 제공에 관하여 합의된 인도 계획 및 기타 조건을 규정한 고정계약을 체결할 준비가 되어있을 때 대한민국 정부 또는 그 권한을 위임받은 주체가 동용역에 대한 타구매자와 동등한 기초위에서 그 당시 위원회의

시설상 이용가능하고 또한 아직 할당되지 않은 우라늄 농축량을 이용함을 양해한다.

"B. 그 이외에, 대한민국 정부 또는 그 관할 하에 있는 권한을 위임받은 주체의 요청에 의거하여 위원회는 그 선택에 따라 또한 합의되는 조건에 따라 양도에 관하여 제9조에서 인가된 양의 범위 내에서 대한민국에서 착수되는 동력용 연료로 사용하기 위한 동위원소 U-235의 농축 우라늄을 판매할 수 있다.

"C. 합의되는 조건에 따라 위원회는 대한민국 정부, 또는 그 관할하에 있는 권한을 위임받은 주체에 대하여 연구용, 물질시험용, 실험용, 과학 및 산업용 원자로를 포함한, 본 조 A항 및 B항에 규정된 이외의 원자로의 원자로실험용 연료로 사용하기 위한 동위원소 U-235의 농축 우라늄을 양도(특히, 농축용역 계약을 통한 공급을 포함하여)할 수 있다.

"D. 동위원소 U-235의 농축 우라늄 이외의 특수 핵물질은, 동 물질이 양도에 관하여 제9조에서 규정한 인가량 내에 해당하는 것으로서 위원회가 양도할 수 있는 경우 및 동 물질양도의 조건이 사전에 합의된 경우에, 원자로 및 원자로 실험용 연료로 사용하기 위하여 대한민국 정부 또는 그 관할하에 있는 주체에 대하여 양도될 수 있다.

제2조

협력을 위한 협정의 제8조는 다음과 같이 개정한다.

"A. 본 협정에 따라 공급되는 농축 우라늄은 동위원소 U-235를 20퍼센트까지 함유할 수 있다. 본 협정에 따라 공급되는 동위원소 U-235의 농축 우라늄의 일부는, 위원회가 양도의 기술적 또는 경제적 타당성이 있다고 인정할 경우에 동위원소 U-235를 20퍼센트 이상 함유하고 있는 물질의 형태로 제공될 수 있다.

"B. 제9조에 의거하여, 제6조 또는 제7조에 따르고 또한 대한민국 정부의 관할 하에 양도되는 동위원소 U-235의 농축 우라늄의 양은 대한민국의 원자로 또는 원자로실험 및 그들의 효과적이고 계속적인 가동을 위한 연료공급을 포함하여 본 협정에서 인정된 목적달성에 필요하다고 상호 합의한 양을 포함할 수 있다.

"C. 본 협정 또는 대치된 협정에 따라 미합중국으로부터 인수하는 특수핵물질이 재처리를 필요로 하거나, 또는 본 협정이나 대치된 협정에 따라 미합중국으로부터 인수하는 연료물질을 함유하는 조사된 연료 성분이 원자로로부터 제거되어야 하거나 또는 그 형태나 내용에 변형을 가하게 되는 경우에는, 제11조의 규정을 효과적으로 적용할 수 있도록 양 당사자가 공동으로 결정하여 양당사자가 수락하는 시설내에서 동 재처리 또는 변형을 한다.

"D. 본 협정 또는 대치된 협정에 따라 위원회가 대여하는 원료의 일부를 조사 처리한 결과 생산되는 특수핵물질은 임차자의 계정에 포함시키며 또한, 위원회와 임차자가 별도 합의하지 아니하는 한, 본조 C항에 규정되어 있는 재처리 과정을 거친 후에 동 생산된 물질에 대한 권리는 임차자에 속하게 된다.

"E. 본 협정 또는 대치된 협정에 따라 대한민국 정부 또는 대한민국 정부 관할 하의 권한을 위임받은 주체에게 양도된 물질을 사용하여 생산된 특수핵물질은 타 국가 또는 국가군이 미합중국 정부와 적절한 협력협정을 보유하고 있거나 또는 양 당사자가 수락할 수 있는 안전 조치하에서 동 특수핵물질을 평화적 목적으로 사용할 것을 보장하는 경우에 동 국가 또는 국가 군에 대하여 양도될 수 있다.

"F. 본 협정에 따라서 공급되거나 또는 대치된 협정에 따라 공급된 원자력 물질의 인도 후 대한민국 정부는, 미합중국 정부가 관계되는 한, 동 물질의 안전 취급과 사용에 대한 모든 책임을 진다. 본 협정에 따라 위원회가 대한민국 정부 또는 대한민국 정부 관할 하에 있는 주체에게 대여하거나 또는 대치된 협정에 따라 대여하게 된 특수핵물질 또는 연료 성분에 관하여 대한민국 정부는 위원회가 대한민국 정부 또는 대한민국 정부 관할 하에 있는 주체에게 인도한 후에 있어서 특수핵물질 또는 연료성분의 생산 또는 제조, 소유권, 대여, 점유 및 사용으로부터 야기되는 바의 여하한 원인으로 인한 일부 또는 모든 손해배상 책임(제3자 손해배상책임 포함)에 대하여 변상할 것을 미합중국 정부에 보증하고 미합중국 정부가 손해를 입지 않도록 한다.

제3조

협력을 위한 협정의 제9조를 다음과 같이 개정한다.

"본 협정 또는 대치된 협정에 따라 미합중국 정부로부터 대한민국 정부에 동력용으로 양도되는 동위원소 U-235의 농축 우라늄을 생산하는데 필요한 분리작업량은 시설총량 5,000메가와트 (전력)를 보유하는 원자로의 연료주기를 유지하는데 필요한 양을 초과하지 아니한다."

제4조

협력을 위한 협정의 제15조는 "30년"을 삭제하고 그 대신에 "41년"으로 대치하여 개정한다.

제5조

본 협정은 각 정부가 타방 정부로부터 본 협정의 발효를 위한 모든 법률상 및 헌법상의 요건을 이행하였다는 서면 통고를 접수한 일자에 발효하며 또한 개정된 바에 따라 협력을 위한 협정의 기간동안 효력을 가진다.

이상의 증거로서 정당히 권한을 위임받은 하기 서명자는 본 협정에 서명하였다.

1974년 5월 15일 워싱턴에서 동등히 정본인 한국어와 영어로 2통을 작성하였다.

대한민국 정부를 위하여   미합중국 정부를 위하여

/서명 / 함 병 춘   /서명 / 로버트 에스 잉거솔

[조약 6] 「대한민국 정부와 불란서 정부 간의 원자력의 평화적 이용에 관한 협력협정」

1974년 10월 19일 각서교환으로 체결
1974년 10월 19일 발효

불란서 원자력위원회 위원장으로부터 과학기술처 장관에게

장관 각하,

파리, 1974년 2월 19일

대한민국 원자력을 대표하는 대한민국 과학기술처와 불란서 원자력위원회간의 관계는 1년 전부터 특히 핵연료봉의 성형 및 재처리분야에 특별한 관심을 가져왔읍니다. 또한 이 분야의 전망은 고무적인 것입니다.

이러한 관계의 진전은 불란서 원자력위원회와 대한민국 과학기술처(원자력국)간의 협력협정체결에 의하여 조장될 수 있음을 확인하고, 본인은 본 공한과 귀하의 회한이 협정을 구성하며 본 협정의 범위 내에서 양 당사자는 다음 조건에 따라 원자력의 평화적 이용의 촉진을 위하여 긴밀히 협력할 것을 귀하에게 제의하는 바입니다.

    1. 협력의 목적

        가. 당사자가 임의로 이용할 수 있는 물질과 요원, 제3자의 권리, 국제협정 및 불란서와 한국에서 시행 중에 있는 법률 및 규정을 고려하여 당사자는 원자력의 평화적 이용을 촉진하고 개발하기 위하여 협력한다.

        나. 원자력의 평화적 이용에 관련되지 않는 모든 활동은 본 협정에서 제외된다.

    2. 협력 분야

본 협정에 따라 다음 분야에 관하여 협력한다.

가. 다음의 포함한 연구 및 개발 :

　(1) 비밀사항을 제외한 과학 및 기술정보의 교환.

　(2) 훈련생, 기술자 및 전문가의 상호교환.

　(3) 공동관심 연구사업 및 연구의 실현.

　(4) 불란서와 한국의 산업간의 접촉의 촉진.

나. 다음 사항을 포함한 원자력의 평화적 이용

　(1) 원자력의 평화적 이용을 위하여 특별한 관심이 있는 핵물질 특히 방사성동위원소의 제공.

　(2) 핵장비의 제공.

　(3) 면허 및 특허권의 양도.

　(4) 사업의 구상

3. 방법

가. 확정된 주제에 관한 협력은 양당사자간 주제별로 논의될 특별약정 또는 계약의 대상이 된다.

나. 본 협정과 관련하여 :

　(1) 전문가 또는 기술자의 단기 방문이나 체류의 경우, 국제여비와 체류비용은 파견국에서 부담하며, 국내여비는 접수국에서 부담한다.

　(2) 훈련생의 경우 불란서 원자력 위원회는 한국의 지원자를 위해 불란서 정부자금을 획득하도록 노력한다. 또한 불란서 원자력 위원회와 한국과학기술처(원자력국)는 국제원자력기구 자금을 획득하도록 노력한다.

다. 당사자는 본 협정의 이행을 통하여 획득, 습득 또는 교환된 정보를 제3자에게 누설하지 않을 것을 보장한다.

4. 평화적 목적을 위한 이용

가. 당사자는 다음 사항을 보증한다.

(1) 본 협정에 따라 획득된 핵물질 또는 핵장비 및 본 협정의 범위 내에서 제공 또는 교환된 물질 또는 장비의 이용으로부터 생성되는 물질은 원자력의 평화적 이용을 촉진 또는 개발하는 목적을 위하여서만 사용된다.

(2) 상기 1항에 언급한 핵물질 혹은 핵장비는 타방당사자의 서면 인가없이 일방 당사자의 인가를 받지 않은 또는 관할권외에 있는 주제 또는 기관에 양도될 수 없다.

나. 쌍방 당사자는 본 협정의 목적에 따라 본 협정의 범위내에서 제공된 물질 및 장비의 평화적 이용을 위한 통제 체계의 적용에 관하여 상호 협의한다.

5. 발효, 기간 및 폐기

가. 본 협정은 불란서 원자력위원회 및 한국과학기술처(원자력국)에 의한 서명일자에 효력이 발생 한다.

나. 본 협정은 5년간 유효하며 본 협정의 동기간 만료 6개월전 사전 통고로써 일방당사자에 의해 폐기되지 않는 한 묵시적 동의로 2년간씩 연장 갱신된다.

다. 본 협정 폐기의 경우 본 협정 3조 1항에 의거하여 체결된 특별 약정이나 특별 계약은 일방당사자의 반대 결정이 없는 한 체결된 모든 기간동안 계속 유효하다.

라. 본협정은 상호 합의가 있을 때 개정된다.

본인은 이러한 제안이 귀하의 동의를 얻을 수 있고 또한 불란서 원자력 위원회와 한국과학기술처간의 협력은 그들 상호 이해에 입각해서 진전되기를 기대합니다. 본인은 각하에게 각별한 경의를 표하는 바입니다.

과학기술처장 원자력위원회 위원장 앙드레 지로

연표

년 월		내 용
1953	12	아이젠하워 미국 대통령의 유엔 연설(Atoms for Peace)
1956	2	미국과 최초의 원자력협정 체결(「원자력의 비군사적 사용에 관한 대한민국 정부와 미합중국 정부 간의 협력을 위한 협정」) - 농축우라늄 대여 [외교문서 1] 『한·미국 간의 원자력시설 구매』(1955-1963) [외교문서 2] 「원자력의 비군사적 사용에 관한 대한민국 정부와 미합중국 정부 간의 협력을 위한 협정」(1956. 2. 3 서명)
	3	최초의 원자력 행정기관으로 문교부 기술교육국에 원자력과 신설
1957	7	국제원자력기구(IAEA) 발족
1958	3	원자력법 제정 - 원자력의 연구, 개발, 이용 등에 관한 사항을 정한 기본 법률
		한미 원자력협정(1956) 1차 개정 - 농축우라늄 등 특수핵물질의 대여, 양도 및 상한선 변경 [외교문서 3] 「원자력의 비군사적 사용에 관한 대한민국 정부와 미합중국 정부 간의 협력을 위한 협정 수정협정」(1958. 3. 14. 각서교환)
1959	1	문교부 원자력과가 원자력원으로 확대 개편
	2	원자력연구소 설립
	7	연구용 원자로(TRIGA Mark II) 착공
1960	11	한미 간 핵연구 및 훈련기구, 자재의 공여에 관한 협정 체결 - 핵연구 및 자재 구매 등에 필요한 보조금을 미국이 제공
1961	6	미국 원자력위원회와 특수핵물질 대여 협정 체결 - 미국 원자력법 수정으로 1961.9 개정 [외교문서 5] 「대한민국 정부와 미합중국 정부를 대표하는 합중국 원자력위원회 간의 특수핵물질 대여 협정」(1961. 6. 16. 서명) [외교문서 6] 「대한민국 정부와 미합중국 정부를 대표하는 합중국 원자력위원회 간의 특수핵물질 대여 협정 수정」(1961. 9. 26. 서명)
	10	과기처 장관 소속하에 원자력위원회 설치
1962	3	연구용 원자로(TRIGA Mark II) 가동(1995년 1월 가동 정지)
1963	9	한미 특수핵물질 대여 신 협정 체결 - 구 협정의 유효기간 만료에 의한 신 협정 체결 [외교문서 7] 「대한민국 정부와 미합중국 정부를 대표하는 합중국 원자력위원회 간의 특수핵물질 대여 신협정」(1963. 9. 26. 공포)

년 월		내 용
1965	7	한미 원자력협정(1956) 2차 개정 - 협정 유효기간 만료에 의한 개정(유효기간 10년 연장) - 핵물질 대여(lease)를 양도(transfer)로 변경하여 우라늄 등 핵물질을 구매할 수 있게 됨 [외교문서 8] 「원자력의 비군사적 사용에 관한 대한민국 정부와 미합중국 정부 간의 협력을 위한 협정 수정」(1965. 7. 30. 서명)
1967	3	과학기술처에 원자력청 설치
1968	1	한·미·IAEA 간의 안전조치협정 체결 - 미국이 실시해온 안전조치를 IAEA에 위임 [외교문서 9] 「안전조치 적용에 관한 국제원자력기구·한·미국 간의 협정」(1966~1968, 1968. 1. 5. 서명, 발효)
1969	6	핵확산금지조약(NPT) 유엔총회 비준(1970.3 발효, 1995.4 무기한 연장)
1971	11	고리 원자력 1호기 착공
1972	7	미국과 핵연료(우라늄 농축) 계약 체결 [외교문서 10] 「한·미국 간 원자력발전소 핵연료 계약 체결」(1972. 7. 17. 계약)
	11	신 한미 원자력협정의 체결(「원자력의 민간이용에 관한 대한민국 정부와 미합중국 정부 간의 협력을 위한 협정」) - 첫 상업용 원자로인 고리 원전 1호기 도입 [외교문서 11] 「원자력의 민간이용에 관한 대한민국 정부와 미합중국 정부 간의 협력을 위한 협정」 전2권(1972. 11. 24. 서명)
		한·미·IAEA 간의 안전조치협정 개정 - 원자력협정 개정에 의한 변경을 반영 [외교문서 12] 「1968년 1월 5일 자의 안전조치 적용에 관한 국제원자력기구, 대한민국 정부 및 미합중국 정부 간의 협정에 대한 수정협정」(1972. 11. 30. 서명)
1973	1	과기처 원자력청을 폐지하고 외국으로 원자력국을 설치
	9	미 원자력위원회 핵연료 공급정책 발표
1974	5	인도 핵실험
	6	한미 원자력협정(1972) 개정 - 미국의 핵연료 공급정책 변화 반영 - 고리 원전 1호기에 공급할 농축우라늄의 상한선 추가 [외교문서 13] 「원자력의 민간이용에 관한 대한민국 정부와 미합중국 정부 간의 협력을 위한 협정 개정」(1974. 5. 15. 서명)
	10	한·프랑스 간의 원자력협정 체결 - 재처리시설 건설 추진, 1976.1 계약 파기 [외교문서 16] 「대한민국 정부와 불란서 정부 간의 원자력의 평화적 이용에 관한 협력협정」(1974. 10. 19. 각서교환)
	11	미국과 핵연료 농축 계약 체결(원자력 5, 6호기용 원료) [외교문서 14] 「한·미국 간 원자력 5, 6호기 핵연료 농축 계약 체결」(1974. 9. 5. 및 11. 13 서명)

년 월		내 용
1975	1	프랑스와 핵연료 성형가공 연구시설 공급 계약 체결
	4	프랑스와 재처리 연구시설 공급 및 기술용역 시설 도입 계약 체결
	10	한·IAEA 간 핵무기 비확산을 위한 안전조치 적용을 위한 협정 체결
1976	1	한·캐나다 간 원자력협정 체결(중수형 원자로 도입) [외교문서 17] 「카나다 원자로(CANDU 2기 및 NRX) 도입을 위한 재정 차관 협상」 (1973-1974)
	6	제1차 한미 원자력 협력 공동 상설위원회 개최(워싱턴) [외교문서 22] 「한·미국 원자력 협력 공동 상설위원회」(1976. 6.15-16)
1977	4	카터 대통령 핵비확산 정책 발표
	4-8	미일 재처리 협상 - 도카이무라 재처리시설 가동을 위한 협상
	7	제2차 한미 원자력 협력 공동 상설위원회 개최(서울) [외교문서 23] 「한·미국 원자력 및 기타 에너지 기술협력 공동 상설위원회」 제1차 회의 (서울, 1977.7.14-16)
	10	국제핵연료사이클평가회의(INFCE) 시작(1980.2 최종 총회)
1978	3	미국 핵비확산법(NNPA) 성립
	4	고리 원전 1호기 상업용 원자력 발전 개시
1979	3	미국 스리마일섬(TMI) 원전 사고 - 국제원자력사고등급(INES) 첫 번째 레벨 5 사고
	5	한·호주 간 원자력협정 체결(핵연료 수입 목적) [외교문서 24] 「대한민국 정부와 호주 정부 간의 원자력의 평화적 이용에 있어서의 협 력 및 핵물질의 이전에 관한 협정」(1979. 5. 2. 서명)
	12	제3차 한미 원자력 협력 공동 상설위원회 개최(서울)
1983	4	월성 원전 1호기(CANDU로) 준공
1988	8	신 미일 원자력협정 발효 - 재처리 등 일본의 핵연료 주기에 대한 포괄동의 확보
2010	10	한미 원자력협정 개정을 위한 협상 개시
2013	4	한미 원자력협정 만기 연장 발표(2014.3 발효)
2015	11	신 한미 원자력협정 발효(현행 협정, 「대한민국 정부와 미합중국 정부간 원자력의 평 화적 이용에 관한 협력협정」)

찾아보기